人生を変える対話の力

今日からあなたも励まし上手

長崎伸仁

第三文明社

まえがき

二十一世紀初頭に国連は、「国連文明間の対話年」というスローガンを掲《かか》げました。これにより、二十一世紀の国際社会は、言葉による対話という行為《こうい》を通して、平和の構築を目指そうという明確な姿勢《しせい》を強烈《きょうれつ》に印象づけました。

国と国との関係の命運を担《にな》うのは、「対話」だというのです。私たちの日常生活に当てはめてみますと、職場や学校、そして地域社会や家庭での「対話」が、私たちの未来の潤《うるお》いや幸せ、そして、平和を決定づける大きな要素となるということだと思います。

しかし、対話と一口にいっても一筋縄にはいきません。対話の基本は、一対一ですから、うまくいくと「仲良し」になりますが、うまくいかないと「ケン力」になってしまいます。国と国とでは、「平和」か「戦争」かという重大な問題に発展してしまいます。

そこで第1章では、「対話を成功に導く七カ条」として、「会話」と「対話」とは何が違うのか、どのようなことを事前に準備しておくべきなのか、「話すこと」と「聞くこと」の割合はどれくらいが適当なのかなど、「対話」の基本について述べています。

本書の副タイトルは、「今日からあなたも励《はげ》まし上手」です。第2章からは、「励まし」に焦点を当てています。人間社会は、他者との共存で成り立っています。まわりに人がいないと生きていけません。そのまわりの方々といかに「励まし」「励まされる」関係を築くかです。

第2章は、私がこれまでの人生の中で「励まし」「励まされ」てきた経験をありのままに綴《つづ》っております。

対話といっても自分以外の他者との対話もあれば、自分との対話もあります。言葉による他者との対話は、いわば「人間関係を築くため」の対話といえるでしょうが、発話化されない自分自身との対話は、いわば「自分の成長のため」の対話といっても良いでしょう。

第3章では、自分を励まし、叱《しっ》咤《た》激《げき》励《れい》する自分自身との対話について述べています。

そして、第4章では、「〝励まし〟

の力を磨《みが》く学び」について述べています。私はこれまでに多くの書物や歌と出合い、励まされてきました。テレビを観ながら感動したり涙《なみだ》をこぼしたりしたことも数限りなくあります。「学び」は、人間を豊かにしてくれます。獲得《かくとく》した知識は、知恵に変わります。そこで励まされた事実は、「励ましの力」となって自分自身の財産となります。「励ましの歌」「励ましの文学」などから是非《ぜひ》、多くのことを学んでいただきたいと心から願っております。

本書は、どの章から読んでいただいても良い構成となっております。そして、各節の最後には、内容が一目で分かるようにキーワードを記しています。本書が読者の皆様にとって「励ましの一書」となればこの上ない幸せです。

著　者

目次

人生を変える対話の力～今日からあなたも励まし上手

まえがき …… 1

第1章 対話を成功に導く七カ条

1 話し言葉の形態と目的 …… 10
2 事前の準備は〝三つの意識〟で決まる! …… 17
3 三つの〝きく〟姿勢 …… 24
4 対話の成功は「話す=2」対「聞く=8」 …… 31
5 「同質な他者」と「異質な他者」の存在 …… 36
6 聞き手を引き付ける話し手の〝間〟 …… 45
7 「敬語」を意識するより、「敬意」を意識した対話 …… 54

第2章 心に届ける〝励ましの言葉〟

1 〝つぶやき〟に本音が潜む …… 64
2 心を動かされた〝励まし〟の力 ── 親友からの〝一言〟の力 ── …… 70
3 相手の長所をほめ、認める …… 76
4 傷ついた娘の心に寄り添う …… 82
5 思春期の息子と向き合う …… 87
6 勉強嫌いの遠藤周作を変えた恩師の励まし …… 92
7 「ほめて喜ばれ、叱って感謝される人」を目指して …… 99

第3章 自らを励まし、自信と勇気を引き出す

1 自分の中にもいる「異質な他者」と向き合う …… 106
2 折れそうな自分の心を叱咤激励する …… 113

3 思い出の地に立ち、自分を励ます …… 119
4 今日より明日へ、向上のための〝気づき〟――自分を信じるための〝励まし〟―― …… 126
5 人間関係づくりの心得（人間を嫌いにならないコツ） …… 135

第4章 〝励まし〟の力を磨く学び

1 励ましの歌――「Yukiyanagi　雪柳」から聴こえてきた声―― …… 144
2 タレントのトークに学ぶ …… 162
3 司馬遼太郎の推敲原稿 …… 171
4 他者の成功をノンフィクションで追体験 …… 180
5 「励ましの文学」に学ぶ …… 186

あとがき …… 202

●装幀／志摩祐子（有限会社レゾナ）
●本文レイアウト・組版／有限会社レゾナ

第1章

対話を成功に導く七カ条

1 話し言葉の形態と目的

人は言葉でコミュニケーションをとる生き物です。まだ片言《かたこと》しか話せない赤ちゃんが、お母さんに一生懸命話しかけている姿を見ると、言葉で誰かとつながろう、伝えたいという気持ちは本能に近いものだと感じます。

コミュニケーションツールである話し言葉は、相手によって、また、目的、時間、場面によって、いくつかに分類できます。まずは、そこからみていきましょう。

小学校や中学校時代を思い出してください。

休み時間に教室の後ろや廊下《ろうか》で、友だち同士、何人かがグループになり大声で話したり、笑ったりと「おしゃべり」に夢中になっていませんでしたか？　伸び伸びと気兼ねせずに、自由に話し合っていたと思います。ところが、チャイムを合図《あいず》に、教室に向かい、自分の席に着く頃には、話し声も静かになり、授業が始まれば、教室は静《せい》寂《じゃく》に包《つつ》まれます。

先生が、「このときの登場人物は、どんな気持ちだったでしょうか?」などと質問すると、静寂はより増すことになりかねません。

こういった現象《げんしょう》はなぜ起こるのでしょうか?

それは、休み時間という自分たちに与えられている「自由な時間」は、プライベート(私的)なコミュニケーションの場、授業中はパブリック(公的)なコミュニケーションの場と、日頃の慣習《かんしゅう》から理解しているからです。パブリックな場での間違いは許されない、ふざけすぎてはいけないという意識が自然と身についているのです。

休み時間(プライベートな場)のコミュニケーションは会話、授業中(パブリックな場)のコミュニケーションは対話に分類できます。間違いが許される場では「会話」、間違ってはいけないという緊張感《きんちょう》がある場では「対話」ともいえそうです。「対話」の基本は、一対一です。教室に何十人生徒がいても、先生の問いかけに答えるときは、「先生対自分」という対話の構造が頭の中にでき上がっていると考えられます。

さて、別の授業では、「この問題は少し難しいようですから、四人一組のグループになって皆で考えてみましょう」という先生の指示で、学習活動の形態《けいたい》が変化します。

これが「話し合い」です。三人以上のグループが組織されますから、少々間違ったことを言っても大丈夫。少し気楽に意見を述べたり、誰かの意見を聞いたり、ときには考えたり、聞いていなかったり、頭をフル回転させないで、自由にコミュニケーションに参加できます。

グループで話し合ったことを代表として発表することになれば、これは、独話、スピーチです。

先生や教室の仲間の視線が一斉《いっせい》に自分に向かっている中、話し通さなくてはいけません。一対一の対話も相手が黙《だま》れば途絶えてしまいますから気が抜けませんが、相手の話を聞いて、次の展開を考えたり、話題を見つけたりする時間があります。独話にはその時間もありません。それだけ大変ですし、それ相当の準備が必要です。

●話し言葉の形態

①独話（speech）
——基本は一対多……講義、講演、演説など

②対話（dialogue）
——基本は一対一……初対面での対談、インタビュー、相談、問診など

③会話（conversation）
——一対一または少人数での話……雑談、井戸端会議など

④話し合い（talk、discussion）
——大勢……座談、シンポジウムなど

それでは、これらの話し言葉の目的とは何でしょうか？

独話は、講演会や総理大臣の施政方針演説《しせいほうしんえんぜつ》などをイメージしていただければ良いでしょう。一人で大勢を対象にし、聴衆《ちょうしゅう》に納得《なっとく》してもらい、同意してもらうのが目的です。そのため、話の内容に説得力《せっとくりょく》が求められます。当然、話術も求められますが、

具体的な事例を紹介したり、データを示したり、たとえ話を入れ込んだりして、説得力を強化していきます。

対談はどうでしょう？

テレビ番組でいえば、長寿《ちょうじゅ》番組「徹子の部屋」、阿川佐和子さんの「サワコの朝」などが当てはまります。テレビ番組のため、不特定多数の視聴者を意識して、ゲストの知られざる素顔に迫《せま》ろうという意図《いと》が見えますが、聞き手（インタビュアー）と話し手とがお互いを分かり合うために建設的に交流しています。

バラエティ番組ですが、久本雅美さんがメイン司会の「メレンゲの気持ち」、人気グループ嵐がゲストとトークやパフォーマンスを繰り広げる「嵐にしやがれ」、「おしゃれイズム」なども、対談型に分類して良いでしょう。

会話は、雑談、飲み会を思い出してみてください。友だち同士、知人同士が、気兼ねなく、最近見た映画や驚《おどろ》いたことなどを話したり、ときにはお互いにストレス発《はっ》散《さん》する、さらに仲良く打ち解ける機会《きかい》となるのが会話といえるでしょう。

サイコロトークの「ライオンのごきげんよう」や「アメトーーク！」も、会話に含まれます。また、今年三月末で終了した「笑っていいとも」のゲストコーナーは対話形式ですが、ゲストがタモリさんと親《した》しい関係にあるときはどちらかというと会話、あまり面識《めんしき》がない人のときは、対話に近い内容だと思います。

話し合いは、あるテーマについて集中的に討議や討論をして、問題や課題を解決しようとするのが目的です。テレビ番組では、「日曜討論」「朝まで生テレビ！」「ビートたけしのTVタックル」などが挙げられそうです。

阿川さんは著書《ちょしょ》『聞く力』（文藝春秋）の中で、「人は生きている限り、誰しもが、『インタビュー』に始まって『インタビュー』に終わると言っても過言ではない」と述べています。

後で詳しく述べていきますが、建設的な交流というのは、初対面のときばかりではなく、様々な場面で始まります。そのスイッチは、友人の一言であったり、歌詞の一節、小説だったり、旅先だったり、至るところに潜《ひそ》んでいます。

そう考えれば、阿川さんがおっしゃるように、私たちは生涯インタビュアーとして、対話を続けていくのかもしれません。

話し言葉の目的

①独話（speech）

――話し手の説得⇅聞き手の納得――聴衆に納得してもらうため

②対話（dialogue）

――お互いが分かり合うため（共感的な理解）

③会話（conversation）

――お互いが打ち解け、さらに仲良くなるため

④話し合い（talk、discussion）

――問題や課題を解決するため

2 事前の準備は〝三つの意識〟で決まる！

前節で述べたように、同じ一対一であっても、パブリックな場面では対話、プライベートな場面では会話となり、相手に対して共感しよう、もっと理解しようという気持ちが強くはたらくのが対話、共通の趣味や話題を通して打ち解けた言葉のやり取りが展開されるのが会話です。

そう考えると、対話は初対面もしくはそれに近い人と交わす話ともいえそうです。だから、初対面の人とお会いするときは、実りある対話にするために、それなりの事前準備が必要になってきます。

その事前の準備で最低限必要なのが、目的意識（何のため）、相手意識（誰と）、そして事意識（何のことを）の三つの意識です。

ここで、解剖学者《かいぼう》の養老孟司さんとの初めての出会いにまつわるエピソードを紹介して、三つの意識の大切さに触れておきたいと思います。

私は、山口大学教育学部教授時代の二〇〇二年から三年間、附属光小学校の校長を兼務していました。その三年目の六月頃、年に一度の研究大会に講師としてお招《まね》きしたのが、養老孟司さんでした。

ご専門は解剖学。私とはまったくの畑違いです。お名前とお顔はテレビや新聞などで知っていたとはいえ、それ以外の知識といえば、定年前に東京大学から北里大学に転勤されていたことと、著書『バカの壁』（新潮社）がベストセラーになっていることぐらいしかありませんでした。

研究大会当日は副校長も忙《いそが》しく、接待は校長である私に任されていました。校長室で一対一になったことを想定して、最低限の準備をしておこうとしましたが、その頃はまだパソコンの扱《あつか》いに慣《な》れておらず、インターネットで養老さんのことを調べられるという知識を持ち合わせていませんでした。ですから、準備は『バカの壁』を読むくらいでした。

附属光小学校での講演は、午後からを予定していたため、養老さんには、午前中に山口大学の医学部で特別講義までお願いする始末《しまつ》。さぞかしお疲れになっているだろうと想像し、校長室にお迎《むか》えしたとき、私はいつになく緊張していささか地に足が着いていませんでした。

しかし、養老さんは実に気さくな方で、挨拶《あいさつ》を交わすうちに私の緊張感も徐々《じょじょ》に和《やわ》らいでいきました。講演までは一時間以上あります。

さあ、校長室での一対一の対話の始まりです。

『バカの壁』を読んでいた私は、そのことから話題づくりを始めました。

特に関心があり、興味《きょうみ》をもった箇所を取り上げ、感想を述べると、ニコニコしながら丁寧《ていねい》に対応してくださいます。

しかし、専門分野にあまり深く踏《ふ》み込み、話が難しくなって私が聞く一方になってしまうのを避《さ》けたいところです。

そこで、私が持っているもう一つの知識に話題を転換することにしました。

「養老先生は、定年を待たないで、東京大学から北里大学に移られていますが……」

「私は、人生を十年刻みに考えているのですよ。いろいろ仕事の関係もあり、東大を辞めるのが三年遅くなってしまいました。ちょっと悔《く》いが残っています」

さらに、若者がなかなか定職に就《つ》かない現状にも話が進み、

「十年に一回ずつ仕事を変えても良いのですよ。本居宣長は、本職は医者ですよね。そのかたわら、午後からは自宅の二階で、『源氏物語』の講義や『日本書紀』の研究に励《はげ》んで、ついには、『古事記伝』まで著《あらわ》すのです。つまり、本居宣長は、仕事を二つ持っていたということなんですね」

と、独自の仕事論を展開されたのです。一つの仕事に縛《しば》られる必要はない。しかし、自分に合った仕事は何なのかを考えておく必要がある、と私には聞こえました。

実は、このとき、私は人生の一つの転換期を迎えて、結論が出せずに悩みの底にいたのです。

他大学への異動の話が持ち上がっていました。この話を受けたいと思うものの、十年前、小学校の教頭を途中《とちゅう》で辞して山口大学に移った私が、今度は、任期五年の校長職を途中で辞めなければならないのか、という悩みでした。思い上がりかもしれませ

んが、おおむね、子供たちからも保護者からも、そして、教員たちからも慕《した》われている、愛されているという実感を抱いていたこともあって、結論が出せずにいたのでした。

養老さんの話す「十年一区切り」という話は正直言って驚きでした。私にもぴったりと当てはまっていたからです。そして、仕事以外にもライフワークを持つということにも大いに刺激《しげき》を受けました。ご趣味は、昆虫採集だということもそのときに聞いたことでした。

養老さんは、私の話を聴き、話をされながらも、私の表情から何かを感じ取っていたのでしょう。突然《とつぜん》、こうおっしゃったのです。

「何かあるのですね。何か考えていることがあるなら、思い切ったほうが良いですよ」

転職の話があることは、誰にも相談していませんでした。すべては「自分で判断し、自分で決める」と腹を決めていたからです。もちろん、養老さんに相談したつもりはありませんでした。おそらく、共感的理解を深める対話の中で、私の真意を見抜いておられたのでしょう。

翌年、創価大学に移り、それからしばらく経ったある日、ＮＨＫの昼番組の「スタジオパークからこんにちは」に養老孟司さんがゲスト出演していました。観ているうちに、あの校長室での模様が懐《なつ》かしく脳裏《のうり》に蘇《よみがえ》り、急いでA4の用紙に当時の状況を簡単に記した後、「おかげさまで、東京の創価大学に移り、元気で頑張っております」と、お礼の言葉をしたため、スタジオパーク宛《あ》てにファックス送信していました。

対話を成功に導くための〝三つの意識〟(事前準備)

いつ(　　　)・どこで(　　　)・
誰と(　　　)対話をするのか

①何のために（目的意識）……

②どのような対話者なのか（相手意識）……

＊趣味や職業など

③何のことを（事意識）……

＊何の話題から～中心的な話題は――

3 三つの〝きく〟姿勢

平成の時代に入り、教育の世界でもコミュニケーション能力の育成に力が注《そそ》がれるようになりました。国際化の時代を迎えて、話すことや聞くことが重要視され始めています。

話し言葉教育を専門とする研究者からは、次々と新たな提言《ていげん》が飛び出すようになりました。特に私の心に響《ひび》いたのは、〝きく〟にも三つの〝きく〟があるという提言に出合ったときです。

● 三つの〝きく〟

①聞く（hear）……○耳にする　○～しているのが聞こえる

②聴く（listen）……○聞こうと努力する　○耳を傾ける
③訊く（ask）……○……を尋ねる、問う

三つの〝きく〟、「①聞く・②聴く・③訊く」を早速《さっそく》、辞書で調べてみると、右のような違いがあることに気づきました。

同じ話を聞いても、「聞く」姿勢《しせい》と「聴く」姿勢、そして「訊く」姿勢では、雲泥《うんでい》の差があります。

それからは、私の〝きく〟姿勢は一変しました。「聞く」時間をできるだけなくし、姿勢を「聴く」にしたり、「訊く」にしたりするようにしたのです。そうすると、どんなに大勢の参加者がいても、「質問」ができるようになりました。

私の友だちは、「誰にでもできることではない」と言いますが、私は、誰にでもできる可能性はある、と思っています。

なぜそう思うのか？　〝きく〟姿勢が変わるとともに、メモの取り方も変わりまし

たが、これは誰もが実践できると思うからです。それまでは、黒のボールペンだけで講演の内容などをメモしていたのを、「聴く」や「訊く」姿勢にしてからは、黒、青、赤色の三色ボールペンを使うようにしたのです。

黒色では話の内容を、青色では書き取った話の内容に○印を付けたり、矢印を付けたりします。そして、赤色では自分の感想や質問したい内容を書いていきます。そうすることにより、リアルタイムでいつでも質問できるようになったのです。

三色ボールペンが手元にない場合は、ノートやメモ用紙を半分に折《お》り、左側には「聞いたことメモ」を、右側には「思ったことメモ」を取るようにしています。

言葉は、一瞬のうちに消えてしまいます。今しゃべっていることは、次の言葉で過去の遺物《いぶつ》と化してしまうのです。そのときに思ったことや考えたこととなると、なおさらです。「そのとき」の素直《すなお》な感想や感情をメモしていれば、それを見ることで、何年先になってもその場の状況が再現されるのです。

●「聴く」・「訊く」姿勢――メモの取り方の工夫

①三色ボールペンの効用

黒色――話の内容　青色――○印や矢印など　赤色――感想や意見、質問など

②ノートやメモ用紙の使い方――半分に折る

左側――聞いたことメモ　右側――思ったことメモ（感想・意見・質問など）

大学の授業で、三つの「きく」の話をしたときのことです。授業のアンケートには、六十人程度の受講者の約半数にも及ぶ学生から以下のような反応がありました。

三つの「きく」の話がありましたが、私のいままでのきくは、「聞く」だと思いました。プレゼンや講義などの中で、「質問はありませんか?」との言葉に対してなかなか発言することができません。「訊く」という姿勢で、授業や友人の話などをきいていこうと思います。（Tさん・女性）

一番心に残ったのは、三つの「きく」話でした。質問できるように「きく」ことが一番意識が深いという話でしたが、新鮮《しんせん》で強烈《きょうれつ》に心に響きました。「聴く」ことの領域までしか知らなかったので、「訊く」ことを知り、自分の国語力がまた一つ伸びた気がしました。人の話を訊くだけでなく、自分の話を訊いてもらえるようにしたいと感じました。（T君・男性）

嬉《うれ》しいことに、次の週には、次のような報告がありました。

今日は訊くことに挑戦《ちょうせん》しました（授業を受ける姿勢が変わったという意味——筆者注）。先週の授業から訊くことに挑戦しています。一番最近の実践報告としては、ゼミの授業です。訊くって楽しいな、と自分の人生が変わりそうな気がしました。（Sさん・女性）

三つの「きく」は、勉強や講演などの限られた状況で活用できるばかりではありません。むしろ、日常生活の中で、多くの人と接しているときにこそ、その真価が問われるのだと思います。

Hさん（女性）は、次のように書いています。

後輩と話をしていても、真剣に耳を傾《かたむ》けてきいているときもあれば、自身の中に不安な事があるときなどは、その相手に耳を傾けられていないときも正直あります。でもそれは、どれだけ相手に尽くせるか、という意識の問題だなと思います。

日常生活は、相談を受けたり、また相談に乗ってもらったりの連続だといっても良いでしょう。

そのときに、聞いているのか、聴いているのか、それとも訊いているのかは、相手に通じているはずです。相手が話しやすい環境をつくりだすためには、積極的に「聴きながら、訊く」姿勢を示していくことも大切です。

具体的には、「目を見て聴く」「うなずきながら聴く」「相づちを打ちながら聴く」、話の内容によっては「笑みを浮かべながら聴く」といったことを心がけたいものです。

「聴きながら、訊く」を実行してみましょう！

①目を見て聴く
②うなずきながら聴く
③相づちを打ちながら聴く
④笑みを浮かべながら聴く

4 対話の成功は「話す＝2」対「聞く＝8」

朝日新聞の「天声人語」に、興味深いことが掲載《けいさい》されていました。
それは、「話し上手」に「聞き上手」、そして、「叱《しか》られ上手」に「叱り上手」と世の中には様々な「上手」がいるということから始まります。そして、「ほめる」と「叱る」は、「太陽と雨で木が育つのに、どこか似ている」と進んでいった後、こう続きます。

先のアエラ誌によれば、「ほめる」と「叱る」の理想比は7対3から8対2の辺りらしい。太陽だけでは干からび、雨ばかりでは根が腐る。照って、降って。その塩梅（あんばいい）と上手下手が人づくりを左右する（2013・4・25付）

「話す」ことと「聞く」ことも同じではないでしょうか。

対話の基本型は一対一ですから、話す側と聞く側の比率は5対5が理想ですが、お互いの関係や状況によってこの比率が変わってきます。例えば、通常、職場では、部下よりも上司のほうがよく話すということが考えられます。上司の話すと聞くは、7対3ぐらいでしょうか？　しかし、部下の悩みに上司が耳を傾けるとなると、この比率は変わり、5対5、あるいは4対6ぐらいになるかもしれません。

「話す」と「聞く」の比率は、「何回ほめた、何回叱った」のように一律に考えるわけにはいきません。聞く「量」だけではなく、聞く「質」の問題も考慮しなければならないからです。ここでいう「聞く『質』」というのは、前節で述べたように、hear（聞く）とlisten（聴く）の違いや、最後まで耳を傾けたかどうかということなどが関係してきます。

しかし、なかなか「聞き手に徹する」ということは難しいようです。自分は、「話すより聞くほうが好きだ」という意識を持っていたとしてもです。

大学のキャンパスを歩いていたときのことです。ベンチに腰掛けて長い間、一方的に熱弁をふるっている、知り合いのある男子学生を見かけました。しばらく別の学生と話をした後、先ほどの二人の学生の横を通り過ぎると、まだ彼の熱弁は続いていました。

この熱弁をふるっていた男子学生は普段《ふだん》おとなしく、「聞くことのほうが好き」と言っていた学生です。

「聞くことが好き」なのに、どうして、熱弁をふるっていたのでしょうか？

後日、この学生に訊くと、私が傍《かたわ》らを通り過ぎたことにも気づいていなかったらしく、ちょっと恥ずかしそうに、「後輩が、落ち込んでいたので激励《げきれい》をしていたのです」と答えてくれました。

果たして、「激励」というのは、これでもかこれでもかと熱く語ることでしょうか？

それでは、価値観の押し付けになりかねません。

ある人が人間関係で悩んでいたり、何事にもやる気が起きなくて勉強にも熱が入らないという悩みを抱えていたとします。そんなときこそ、「聴き役」に徹してあげるべきだと思います。

人は話すことによって気持ちに整理がついたり、考えがまとまったりします。冷静《れいせい》に物事を考える余裕《よゆう》が出てくることもあります。

まずは、聴き役となって、「そうなんだ」「そうなんだ」と相づちをうち、「あまりやる気が出ないいんだ」と、気持ちを繰り返して共有し、「○○だったから、悩んでいるんだ」と出来事と気持ちを要約して繰り返すなどして、共感的に聴いてあげることが大切だと思います。

そのうえで、「どうしたら良いと思う？」「○○はどうかな？」などと質問をしつつ、本人も気づいていない悩みの本質に気づかせたり、次に進むための気持ちを導きだしてあげるのが、激励ではないでしょうか？

説得力ある激励とは、言葉で励ますのではなく、聴いて励まし、聴く態度で励まし、表情で励ますことで、悩みに立ち向かう心を引き出してあげたいものですね。そのときの「話す」ことと「聞く」こととの比率は、「叱る」と「ほめる」の比率と同じく、「2対8」だと思います。

対話を成功に導く比率――「励まし上手」とは

①話すが「2」対聞くが「8」

②激励とは、言葉で励ますより、聴く態度・表情で励ます

＊熱弁は、価値観の押し付けになりかねない

②きく姿勢――「量」＋「質」を心がけよう

・聴きながら相手の気持ちを繰り返す

・相手の話を要約して語りかけ、気持ちの整理を助ける

・悩みの解決に気持ちが向かうように質問をする

5 「同質な他者」と「異質な他者」の存在

「同質な他者」や「異質な他者」、聞き慣れない言葉ではないでしょうか？

簡単にいえば、自分と気の合う人が「同質な他者」、苦手意識やどうしても好きになれない人が「異質な他者」です。

世の中には、異年齢、異性、異業種、異団体、異思想、異国の人々がいて、それらの方々との交流は不可欠です。ただこれらの方々すべてが「同質な他者」や「異質な他者」に含まれるのかといえばそうでもありません。

「赤の他人」という言葉があります。この意味は、「まったくの他人」や「全然縁のない人」のことです。でも「赤の他者」とはいいません。ここでは、「他人」と「他者」とを区別して使っています。そう考えると、「他者」とは、初対面の方も含まれますが、おおむね、自分と何らかの関係を持っている人で、その中に、「同質な他者」や「異質な他者」がいるといえるでしょう。

ある男子学生と雑談をしているとき、「君は、どんな人が好きなの？」と訊いたことがあります。その学生は、「後輩は好きですが、先輩はあまり好きになれません」と答えました。

少々違和感はあったものの、「私も大学生だった頃は、こんな感覚だったのだろうか？」と、自分の若かりし頃を振り返ったことを覚えています。

彼は、「異年齢」、それも自分よりも年齢や学年の上の人に異質性を感じていたんだと思います。感覚としては、「先輩の中でも○○さんと○○さんは好きになれない、苦手だ」と思っていたのでしょうが、「先輩はあまり……」と即答したことから推測《すいそく》すると、総じて、先輩を「異質な他者」とみなしていたのでしょう。

●「他者」とは

①「他者」と「他人」は違う

・他者――自分と何らかの関係性を持った人
・他人――面識のない人、縁のない人

②「他者」にも、「同質な他者」と「異質な他者」がいる

逆に後輩に対しては、可愛い、話しやすい、親しみやすいなどといった日常の付き合いを想起《そうき》して、「後輩は好きです」と答えたと想像します。後輩を「同質な他者」と感じているからだと思われます。

同質な他者と異質な他者の区別は、人によって違います。先ほどの男子学生の話に、私が違和感を持ったのはそのためで、今の私は年上の人に異質な他者を感じていないからです。また、同一人物が、時と場合で、同質な他者となったり異質な他者となったりもします。

A君「勉強との両立が大変だから、クラブをやめようと思うんだ」
B君「僕はやめないほうが良いと思うよ」

と、A君と仲が良いB君が、違う意見を言った瞬間に、いつもの「同質な他者」から「異質な他者」になります。

そして、A君が「どうして？」と聞き返すことによって、二人の対話が始まります。

B君「生活時間をみなおしてみた？　バイトを減らすとかは考えないの？」
A君「仕送りだけで生活するのは苦しいんだ」
B君「バイトをやめろとは言ってないよ。それにクラブやめたらその時間全部勉強に使えるの？」
A君「そうはいかないと思うけど……」

A君の中では、B君の発言による刺激、迷《まよ》い、葛藤《かっとう》などが起こり、発想の転換、知恵、解決法が導き出されてきます。仮にクラブをやめるという結論が変わらなくても、異質な他者との対話は、より深い思索につながります。

では、恋愛における同質な他者と異質な他者は、どんな関係にあるのでしょうか？

こんなコラムを読んだことがあります。

「LOVE《ラブ》」と「LIKE《ライク》」はどう違うのか。何で読んだか思い出せないのだが、ある説明に感心して書き留めたことがある。LOVEは異質なものを求め、LIKEは同質なものを求める心の作用なのだそうだ。辞書的に正しいかどうかはおいて、なるほどと思わせる。言われてみれば「愛」には不安定な揺らぎがあり、「好き」にはどこか安定がある。その安定感は、自分と同じものを相手に見いだした心地良さかもしれない――。（2010・11・10付　朝日新聞「天声人語」）

「好き」から「愛」に変わるのは、異質なものを求める結果だというのです。

とすると、私の青春時代に流行ったトワ・エ・モアの「或る日突然」（作詞・山上路夫　作曲・村井邦彦）の一番と二番の歌詞は、異質を求める心の変化を歌っているともとれます。

或る日突然　二人だまるの　／　あんなにおしゃべりしていたけれど
いつかそんな時が来ると　／　私にはわかっていたの

或る日突然　愛し合うのよ　／　ただの友だちがその時かわる
いつか知らず胸の中で　／　育ってた二人の愛

（／は改行。以下同じ）

友人・知人が恋人に変わる瞬間は、気心の知れた同質な他者に魅力《みりょく》的な異質な他者を見つけたときといえます。この場合、「魅力的」であることが何よりも重要ですね。
ここまでは、自分と何らかの関係性を持った人物としての「他者」には、「同質な他者」と「異質な他者」の存在があるということについて述べましたが、「自分」の中にも「他者」が存在しています。

体調がすぐれないとき、

心の声A「今日は熱があるようだから、会社を休もうか」

心の声B「いや、これくらいの熱で休んでいたらどうする！　頑張って行ってこい！」

頑張って身支度をしようとすると、

心の声A「いやいや、有給休暇もまだ残っているのだから、体調の悪いときに休まないといつ休むんだ！　今日くらい良いじゃないか」

という声なき声が聞こえるという経験はありませんか？

まさに、自分の中に立ち上がってくる「他者」の存在で、Bはどちらかといえば「異質な他者」、Aは「同質な他者」だといえるでしょう。人間には悩みや苦しみがつきまといます。そのたびに起こる「葛藤」は、自分の中の他者との対話といえます。

こういうように考えてみると、「他者」という存在は、多かれ少なかれ、自分に「刺激を与えてくれる存在」で、「同質な他者」は自分には「甘く」、「異質な他者」は自分には「厳《きび》しい」ととらえることもできます。

「同質な他者」と「異質な他者」の存在意義

①同質な他者――

自分と同じような考えや雰囲気を持つ（安定志向）

異質な他者――

同質な他者にない刺激を与えてくれる

（不安定さはあるが、成長を促す）

②自分以外の他者の存在

自分の中の他者の存在

6 聞き手を引き付ける話し手の〝間〟

今やお笑いだけの人ではない北野武さん（ビートたけし）が、『間抜けの構造』（新潮新書）という本の中で、「〝間〟を制するものはお笑いを制する」とも、「お笑いを制するには、〝間〟を制すること」とも書いています。

漫才は、ボケ役とツッコミ役とがコミカルに演じることで笑いを誘《さそ》う「話芸」です。ボケ役が明らかな間違いや勘《かん》違いなどで笑いを誘引《ゆういん》し、即座《そくざ》にツッコミ役が「ツッコミを入れる」ことによってさらに笑いを盛り上げるという、ボケ役とツッコミ役との〝間〟そのものが芸を織《お》りなしています。

一方、落語の場合はどうでしょうか？　落語は「一人話芸」ですから、高座の一枚の座布団の上で、一人何役にもなり「地の文」と「対話文」とで構成されている話をコミカルに演じなければなりません。上位の人物が下位の人物に話しかける場合は舞台の下手《しもて》（観客席から見た左手）のほうを向き、その逆の場合は上手《かみて》のほうを向いて話すなどという一応の法則性があるようですが、一人で「ボケ」も「ツッコミ」も演じて笑いを誘います。そのタイミング、「間こそ命」です。

このような漫才や落語を私たちの生活の場に当てはめて考えてみますと、漫才は、対話、会話となり、落語は、人前で自分一人が話すスピーチ（独話）といえるでしょう。

〝間〟には、聞き手に次に話すことをしっかり心にとどめてもらうための準備時間「期待の間」、伝えたいことをきちんととらえてもらうための時間「確認の間」と、あなたの話をちゃんと聞きますという無言のメッセージとなる「待ちの間」があります。

「期待の間」「確認の間」は、落語はもちろん、講演会、プレゼンテーションなどのときに、特に効果的な要素です。漫才では、ボケとツッコミの絶妙《ぜつみょう》な〝間〟で笑いを誘った後、観客が笑う時間が「確認の間」ともとれます。

そして、対話での〝間〟を考えたとき、中でも「待ちの間」は大事な要素といえそうです。悩みを打ち明けやすい人、相談しやすい人を思い出してみてください。優しい表情を浮かべて、話を聞き、相手が言葉に詰まったとしても急《せ》かすことなく、促《うなが》しが必要になるまで待ってくれているはずです。

「立て板に水」は、弁舌《べんぜつ》がすらすらとしてよどみがないというときに使われる言葉です。一方、「横板に雨垂《あまだ》れ」というのはその逆で、雨垂れのように、ポツリポツリ、とつとつと話すようなときに使われる言葉です。

私の父親は、まさに「横板に雨垂れ」のように話す人でした。そして母親はその逆で、「立て板に水」のごとく話す人でした。

上方漫才大賞を二度受賞している宮川大助・花子さんのおしどり漫才を観るたびに、両親が思い出されます。

大助「あわわわわ……」
花子「この人の今日の仕事は、これで終わりですわ」

と、ボケとツッコミの何ともいえない〝間〟が笑いを誘うその姿が、両親そのものだったのです。

母親は「話す人」、父親は「聞く人」でしたが、印象度は母親よりも父親のほうが強く、父親を知る人たちからも、

「よく愚痴《ぐち》を聴いてもらいました。本当に良い人でしたね」

と言われます。

言葉少なに、相手の心を受けとめていた父は、「待ちの間」の達人だったのかもしれません。

スピーチ（独話）で〝間〟と同じくらい大事なのは、脇道《わきみち》、ムダ話です。

私は、あまり話が上手《うま》いほうではないと思っています。だからこそといえるかもしれませんが、大学での授業や講演会などで「硬い話」や「真面目《まじめ》な話」をする場合でも「ユーモア」を意識しています。大学での授業は九十分間、講演などは最低でも六十分間話をします。聞く人の立場になった場合、たとえ良い話であっても真面目な話をそのまま続けられたら、緊張が続かないと思うからです。

だから、冒頭の「ツカミ」の部分から、私のキャラクターを前面に押し出すことか

ら始めます。

「私の名前は、長崎伸仁と書きます。そうです、『長崎は今日も雨だった』の長崎です」

この曲は昭和四十四年のヒットなので、最近ではあまりウケなくなりましたが、それでもこの「ツカミ」だけで、出席者の気分を相当ほぐすことができます。

私「さて、『伸仁』ですが、何と読むでしょうか？」

聴衆「しんじ」

私「そう来ると思いました。十中八九は、そう読まれますが、ちゃいますねん（なぜか、ここは大阪弁になります）。音読みをすると『しんじん』でっしゃろ。そんなに私は『信心深く』ないんです」

そして、「のぶひと」と読むと明かし、

「実は、天皇家の末裔《まつえい》ですねん……騙《だま》されたらあきませんよ」

と言って印象付けます。

こういった最初の段階での「ツカミ」も大切ですが、もっと大事なのは、真面目な話が続いているときや話が佳境《かきょう》に入ってきたときの余計《よけい》な話です。

「ところで、敬語が使えないから、目上の人と話すのが苦手っていう若者が増えていますが、皆さんはどうでしょうか？　ちょっと聞いてみましょう。敬語に自信があるという人は手を挙げてください」

手が挙がり終わったと見るや、

「すばらしいですね。五十九人、間違いないです。私は、昔、バードウォッチングをやっておりましたから……」

「それじゃあ、自信がないという人。うわあ、こんなにもいるんですか。三百二十一人。間違いないです。飛んでいる鳥を数《かぞ》えていたんですから」

と、「ムダ話」を差し挟むことは、それまでの話の内容を引き立たせることになり、少し眠くなっている人にも、また集中力を高めてもらうことにもつながります。

また、聴衆の中の一人に向けて、話しかけるように、

「私はウソは大嫌いです。ちょっとオーバーに言っているだけです」

「私には一つだけ欠点があります。一つだけですよ。何だと思われますか？　実は、『優しさだけ』が欠点なんですよ（笑）」

とギャグ的な言葉を少し挟むだけで、何百人もの聴衆と「一対一の対話」をしているかのような雰囲気《ふんいき》をつくることができます。

聴衆全体を巻き込むような余計な話、一人に向けて語りかけるようなギャグ的な言葉、相手の同意を求めるような話によって、会場全体が「聴く」態勢になるのです。

スピーチに「ムダ話」や「ユーモア」など脇道を入れるタイミング、〝間〟の取り方は、場数を踏めば、会場の雰囲気などを感じ取って、アレンジしたり、アドリブを入れたりできるようになってきます。その際、大切なのは、自分が話す姿をイメージしておくことだと思います。

私が独話をする中で、最も気をつけていることの一つは、「終わり」の時間です。

自分の腕時計を見ながら、

「私の持ち時間は、あと一分となりました。最後に皆様方に感謝を申し上げ終わりにしたいと思います。話し手を育てるのは、聞き手の皆さま方です。こんなに話しやすい環境をつくってくださり、まことにありがとうございました。三十秒前になりました。終わります。ありがとうございました」

どんなに小さな集まりであろうと、決められた「時間を守る」ことは、話し手にとっての最低限の務めだと思います。そして、どんなに楽しい話であろうと、最後がだらだらとしていれば台無しです。それまでにいくら「笑い」があろうともです。聞いていてくださる方々の表情や心情に寄り添《そ》うことを心がけたいものです。

"間"とは

・「期待の間」……聞き手に次に話すことをしっかり心にとどめてもらうための準備時間

・「確認の間」……伝えたいことをきちんととらえてもらうための時間

・「待ちの間」……あなたの話をちゃんと聞きますという無言のメッセージ

①スピーチ（独話）の合い間の脇道（ムダ話）こそ活性化の秘けつ

②スピーチは終わりの時間を「厳守」することが話し手の最低限の務め

7 「敬語」を意識するより、「敬意」を意識した対話

世の中の人間関係のそのほとんどは、上下関係で成り立っています。「先輩や上司はあまり好きではない」と言って人生を渡っていけるとは思えません。人生を悔いなく生きるためには、この「上」と「下」との関係をいかに潤滑《じゅんかつ》に保つことができるかにかかっているといっても良いでしょう。

しかし、現代の若者は、「敬語」をうまく使えないので、目上の人と話すのが苦手と言う人が多いといわれています。

「敬語」に対するある意識調査では、若者の敬語に対して厳しい目を向けているのは、三十代や四十代の世代の人たちだということが報告されています。これらの世代は、自分が勤《つと》める会社に入ってくる若手社員と接する機会が多い世代です。この調査報告

を見て、「数年前までは、自分たちが『敬語』について指摘《してき》されていたのに、今度はやり返しているのだろうか」と思ったものでした。

こういった傾向が続けば、いつまでたっても、世代間の差は埋《う》まらないばかりか、人間関係を円滑に図れるとは思えません。そこで、「敬語」を苦手だと感じている人たちに自信を持って誰とでも話してもらうために、先達の言葉を紹介しておきます。

国語学者の藤原与一は、『ことばの生活のために』（講談社）という本の中で、「文末重点主義」を唱え、話し言葉では、途中の言葉をあまり意識しなくて、言葉の最後、つまり文末だけを意識して、最後だけ「です」や「ます」のような丁寧な言葉を使うだけで良いと言います。

また、作家の井上ひさしは、『私家版　日本語文法』（新潮社）という本に、「敬語量一定の法則」となかなか面白い考え方を披露《ひろう》しています。それは、日本のように尊敬《そんけい》語や謙譲《けんじょう》語、丁寧語のような「敬語」を使い分ける国もあれば、まったく「敬語」のない国もあるが、押し並べて考えてみれば、どこの国も地域も「敬語」量は一定になっている、というものです。その根拠《こんきょ》は、人から人への伝達の手段には、言葉によるコミュニケーション（バーバルコミュニケーション）と、顔の表情や声の大きさ、視線、身振りや手振り、ジェスチャーなどによるコミュニケーション（ノンバーバルコミュニケーション）の二つがあるからだというのです。

藤原、井上両氏に共通しているのは、「敬語」を意識するあまり話すことに臆病《おくびょう》になる必要はなく、大切なのは「敬意」だということ。「敬意」の「意」とは、「心」という意味であり、「相手を敬う心こそ大切にしましょう」ということなのです。

こういったことを踏まえたうえで、中国の周恩来総理が外交に携《たずさ》わる青年たちに強調されていた「心得《こころえ》」と、近畿日本鉄道株式会社元社長の辻井昭雄さんの講演から学んだことを紹介しておきます。

次に紹介する周恩来総理の言葉は、創価大学の創立者の池田大作先生が、二〇〇七年五月五日、中国の天津社会科学院から「名誉教授」称号（二一三番目となる名誉学術称号）を贈られた際のスピーチの中で述べられた内容の一部です。この式典には私も参加させていただいており、スピーチの一部始終を直接拝聴《はいちょう》しておりました。

創立者は席上、古代哲学者のプラトンとその師・ソクラテスとの師弟関係から語り始め、続いてフランスの作家フローベールとモーパッサンの師弟関係について、そして、アメリカの思想家エマソン、イタリアの詩人ダンテと語りは移っていきました。

話題はその後、中国の周恩来総理と温家宝総理などへと展開し、「三十五年前のきょう五月五日は、私が大歴史家トインビー博士と対談を開始した日であります」と語られ、トインビー博士との交流について触れた後、対話の重要性について、次のように述べられました。

「生き生きと対話し、多くのことを他者から学んでいくところにこそ、真実の勝利と永遠の栄光が輝く」

そして、周恩来総理が、外交に携わる青年たちに強調されていた五つとも六つともいえる「心得」を最後に、スピーチを結ばれたのでした。

その「心得」とは、以下の通りです。

第一に、「よく目を使うこと」（読書、学ぶこと）
第二に、「よく耳を使うこと」（相手の声に耳を傾けること）

第三に、「よく口を動かすこと」（明快に、正義と真実を語ること）
第四に、「よく手を動かすこと」（人まかせにしないこと）
第五に、「よく足を動かすこと」（座して待つのではなく、自らが動くこと）
そして、一貫して訴えられていたことは、「頭を使うこと」（知恵をはたらかせること）。

周恩来総理の中国の青年に対する期待は、そのまま私たち自身への期待として受け取って間違いないだろうと思います。目指すところは、目・耳・口・手・足、そして、頭を使っての対話です。

二〇〇二年の十一月のことだったと記憶《きおく》しています。その頃、山口大学教育学部の就職委員を務めていた私は、「人材発掘、育成方法について」という講演タイトルに惹《ひ》かれて、神戸のポートピアホテルで開催された当時の近畿日本鉄道会社社長の辻井昭雄さんの話を聴きに出かけました。

辻井社長は、人材発掘の本質を、「人は育てるものではなく、育つもの」に置き、自身の人材育成論を熱く語っていました。企業のリーダーの責任について、職場の第一人者について、幹部の資格について、そして、新規採用の面接時の心得についてまで、どの話も私には刺激的なことばかりでした。大いに刺激を与えてくれる「異質な他者」からの贈り物でした。

最も刺激的だったのは、社員との対話を積極的に進めているという辻井社長の「ほめて喜ばれ、叱って感謝される人でありたい」という一言でした。

「上は三年にして下を知るが、下は三日にして上を知るのです」

そのために上司は、

①よく話を聴いているかどうか
②深く考えているかどうか
③すばやく行動しているかどうか

が大切だと諭《さと》します。

そして、対話に必要なこととして、「相手の論理を尊重《そんちょう》すること（共感的理解）」「おかしいことはおかしいと言えば良いが、相手の心まで傷つけてはいけない」などと述べられました。

　私はかねがね、教師以外の異業種の人たちとの交流を大切にしてきました。それはひとえに、「井の中の蛙」に陥《おちい》らないようにとの戒《いまし》めからでした。そのおかげで、交友関係が広がったばかりか、物事に対する考え方や物事をとらえる世界観に少なからず良い影響をいただいています。

　このときも、一つの本質に気づきました。「対話の心構えは？」と訊《たず》ねられたら、即座にこう答えようと思ったのです。「相手を敬う心です」と。

「敬語」を扱ううえで大切な事

①対話では、「敬語」をあまり意識しすぎず、相手を敬う心を大切に

②対話では、目・耳・口・手・足、そして、頭を使うことが求められている

③ほめて喜ばれ、叱って感謝される対話を目指そう

第2章

心に届ける〝励ましの言葉〟

1

〝つぶやき〟に本音が潜む

私はもともと小学校の教師でした。大学の教師になって約二十年ですから教員歴四十年の半分は小学校、半分は大学に勤《つと》めたことになります。

小学校の授業で一番心がけていたことは、子供たちに楽しく考えてもらい、その考えを発表などで表現してもらうことでした。しかし、これが一番難しいのです。だから私は、子供たちの〝つぶやき〟を大事にしてきました。この姿勢《しせい》は今も変わりません。それは、手を挙げて発表したときよりも、〝つぶやき〟の中に「本音《ほんね》」や「本心」が潜《ひそ》んでいることが多いからです。

自信がないとき、間違えたら恥ずかしい、この程度のヤツかと思われたくない、そんな気持ちがはたらいて、発言ではなく〝つぶやき〟になっていませんか？

上司や先生の意見が自分とは違っていたとき、部下や後輩が依頼《いらい》したこととは違うことをしたとき、「違うんだよなあ……」とか、良い感情を持っていない相手のことが話題になったとき「何言ってんだよ……」と、つい声がもれていませんか？

悩み事を考えているとき、知らず知らず「どうすれば良いのかなあ……」なんて声を出したりしていませんか？

誰かに伝えたいと思っているわけではないのに口に出る小さな声＝〝つぶやき〟は、ネガティブな心の発露《はつろ》だからこそ、気に留めて見逃してはいけないものなのです。

ここでは、大学の授業での〝つぶやき〟がきっかけとなり、私との人間関係が生まれ、その後、大学の教員となったある青年のエピソードをご紹介します。

数年前の前期の授業「国語科教育」だったと記憶しています。その年の受講者数はなぜか多く、大きな教室で授業を行っていました。

その日の授業は、文学的な文章と説明的な文章の違いについてでした。

「説明的な文章は、『説明言語』が主となっていますから、子供たちからは、難しい、わけが分からない、と嫌われるのですね。だけど、文学的な文章は、説明言語だけではないのです」

と授業を展開して、具体例として、川端康成の有名な『雪国』の冒頭部分を取り上げたのでした。

「川端の『雪国』の冒頭は、日本の小説では誰もが知っているという超有名な文から始まります。そうです、『国境の長いトンネルを抜けると雪国であった』です」

百二十名余りの受講生たちは皆、うなずいています。よしよし。

「さて、この後、どのように続くのでしょうか？」

と言った途端《とたん》に、教室の空気が一変。どんよりとした雰囲気《ふんいき》へと変わりました。

教室の隅《すみ》から隅を見渡してみても誰も手が挙がっていません。気をもんでいると、何やら、ボソッとした〝つぶやき〟が耳に届いてきました。声にならない声の主を探《さぐ》ってみますと、窓際《まどぎわ》に座っていた男子学生M君が、力なく小さく手を挙げています。

M君「たぶん、続きは、『夜の底が白くなった』だと思います」
私「凄いね、覚えていたのですね」

こう反応してから、黒板に次のように書きました。

「国境の長いトンネルを抜けると雪国であった。夜の底が白くなった」

その日の授業は、川端の巧《たく》みな文体を味わいながら、小説の小説たるゆえんは、「説明」と「描写《びょうしゃ》」との調和が命のようなものなんですと、まとめて終えました。

しかし、教室での寂しげな表情が少々気になっていた私は、その後も学内でM君を見かければ、声をかけていました。最近授業に出ていないと知れば、出席を促《うなが》し、話をしました。

私と出会った頃のM君は、授業に出るよりは、下宿で好きな小説を読んでいるほうがましだ、という日々を送っていました。

M君は、小中学校時代は辛い思い出しかないと言います。だからこそ自分のような思いを子供たちにさせたくないと教員になることを目指しました。母一人子一人のうえ、母親は体が弱く、経済的な余裕《よゆう》はあまりありませんでした。それでも夢を叶えたくて、M君は故郷に母を置いて大学近くで下宿生活をスタートさせたのです。期待が大きかっただけに、現実の大学生活との距離が大きく、「こんな筈《はず》じゃなかった」と、いつしか教員になるという志《こころざし》も消えつつあるようでした。

私は、機会《きかい》があれば、教師として学びの意義を確認し、将来を語り合い、あるときは、子を持つ親として彼の母の気持ちを察して代弁したこともあります。このままでは単位が足りなくなりそうだと知ったときには、「いい加減にせんとだめやろう！」と少しきつく言い渡したこともありました。

こうした関わりが、漠然《ばくぜん》と今のままで良いわけがないと思っていたM君の生活を立て直すきっかけになりました。

三年生になって私のゼミに入ってきたときには、見違えるほど学びの姿勢が積極的になっていました。

そして、その年の夏に山口県で開催された国語教育の研究大会に参加したことをきっかけに、研究者としての道を目指し始めました。このときも私は、M君の置かれた状況を考えて、覚悟を促すように、経済的なこと、お母さんのことなどについて厳《きび》しい目標を示しました。M君は見事《みごと》にすべてを実行して、二〇一三年春に大学教員になったのです。

人間には無限の可能性があります。どんな人間にでもです。
ですから、声にならない声を聴き分けることは、励《はげ》ますうえでとても大事な要素です。私も、〝つぶやき〟にこそ本音、本心、いや真実が潜んでいることを確信して、これからも人間の輪の中に分け入っていこうと思っています。

〝つぶやき〟とは
①本音、本心、真実が潜んでいる
②〝つぶやき〟はネガティブな気持ちからのものが多い
③励ましは寄り添いながらも、現実を見すえた厳しさも必要

2 心を動かされた〝励まし〟の力

――親友からの〝一言〟の力――

人間は言葉として発していなくても頭の中で言葉の力を借りて考えています。これを「内言《ないげん》」といい、頭で考えた言葉を外に発したときの言葉のことを「外言《がいげん》」といいます。

一対一の対話の場面においても、たった〝一言〟の力で勇気づけられ、生きる希望を見出す場合が数限りなくあります。その逆もまたしかり。たった〝一言〟が、人の命を奪《うば》ってしまうことさえあります。

「琴線《きんせん》に触れる」とは、一つの言葉が人の心の奥深くに触れて、その人に感動をもたらすことをいいます。一方、「逆鱗《げきりん》に触れる」とは、「目上の人に」という但し書きは付くものの、〝一言〟の言葉で、激しい怒りを買うという意味のことです。この二つの慣用句《かんようく》だけみても、〝一言〟が人間社会に与える影響が大きいということが分かります。

ここに紹介するのは、私が生きる希望を見出した、親友で作家の宮本輝さんからもらった珠玉《しゅぎょく》の〝一言〟のエピソードです。

大学の教員になって十年以上が過ぎた頃のことです。私は小学校の教員の頃のように、「学生一人一人としっかりと向き合おう。悩んでいる学生がおれば、しっかりと耳を傾《かたむ》けよう。時間が許せば、大教室での授業でも少し気になる学生がおれば、私のほうから声をかけよう。そして相談に乗ろう」――そういう意気込みでやってきました。しかし、大学の仕事と個人的な論文執筆《しっぴつ》などの忙《いそが》しさもあり、少々疲れ気味で、気弱になり始めていました。

平成十九年暮れ、国語教育の全国大会を終えた帰り、久しぶりに宮本輝さんの自宅にお邪魔することになりました。輝さんとは、『わが仲間』という同人誌仲間で、二十代から親交《しんこう》が続いています。

「寿司でも食いに行こうか」

輝さんの提案《ていあん》で、輝さんと妙子夫人、そして、保志学君（同人誌仲間）を交えた四人で寿司屋に行きました。真面目《まじめ》な話あり、笑い話あり、叱咤激励《しったげきれい》ありの楽しいひとときがあっという間に過ぎていきました。「急に酒が飲めなくなった」という輝さんからは、以前の酒豪の面影《おもかげ》は消えていました。だから、寿司屋を出るときは解散《かいさん》するとき、と考えていましたが、「ちょっと、家でコーヒーでも飲んでいくか」と声がかかったのです。

輝さん宅でも話に花が咲きました。そんな中、輝さんから「最近、どうや」と近況《きんきょう》を訊《たず》ねてくれたのです。教員としての信念《しんねん》が揺《ゆ》らぎ、教育と研究の両立に自信を失いかけていた私は、率直《そっちょく》にそのことを語りました。

「輝さん、人を育てるっていうのは難しい仕事ですね。この頃、つくづくそう思うようになりました。ちょっと疲れました。あんまり長生きをせんでも良いと思うようになりました。ここまで、よう頑張ってきましたから」

私のこのような反応で、四人がいる空間に重い空気が漂《ただよ》いました。沈黙《ちんもく》というよりも沈痛といえば良いような……。

輝さんは私の顔を凝視《ぎょうし》した後、一言「魔やな、それは。大きな魔や」とつぶやきました。そして、しみじみと私を諭《さと》すように話し始めたのです。

中原中也の詩の中に、濡れた鉄橋とかという詩があってな、その詩を昔読んだときは、何と暗い詩なんやと思っていたんや。しかしなあ、今は、ちょっと違うんやないかと思うようになってきたんや。この濡れた鉄橋の上をいつもいつも列車が走っているんや。この鉄橋が土台となって人をあっちからこっちへと渡しているんや。どんなに重たかろうが、どんなにしんどかろうが、この鉄橋がなかったらな、列車は走られへんのや。長崎はな、この鉄橋にならなあかんのや。鉄橋になってな、お前の上をな、安心して渡っていける学生をな育てなあかんのや。そしてな、良い教師を育てるんや。

長い付き合いですが、輝さんからこんな話をされたのは初めてでした。教師としての信念を失いかけていた私に、「お前は、人を育てる仕事をしているんやぞ。どんなにしんどかろうと辛《つら》かろうと、お前は教師なんだ。人を育てなあかんのやぞ」と、中原中也の詩を通して語ってくれたのです。

私の目からは大粒《おおつぶ》の涙《なみだ》がこぼれていました。その涙を手やハンカチで拭《ぬぐ》うのでもなく、ただただこぼれ落ちるままに輝さんの話してくれるその時間と空間の中にいました。そして、最後に、こう言って話を終えました。

「八十歳には八十歳にしか書かれへん小説があるんや」

遠まわしに、「お前も長生きしろ」と〝励まし〟てくれているんだ、と思いました。

何か吹っ切れた気分で、輝さんのお宅を後にしました。

「伸ちゃんは幸せやな。よかったな」

友人の保志学君のさりげない〝一言〟が耳の奥で響《ひび》いておりました。

人間ですから、弱い心がふと顔を出すときがあります。信念が揺らぎそうになることもあります。しかし私は、そんなとき、輝さんの言葉を思い出し、「俺は、『濡れた鉄橋』にならなあかんのや!」と自分自身に言い聞かせております。そして、〝一言〟の重みを感じています。

〝一言〟の力

①相手を想う心が引き出す言葉
②心と心とが響き合う力
③人に生きる勇気と希望を与える力

3 相手の長所をほめ、認める

「叱って育てる」よりも「ほめて育てる」――百も承知《しょうち》、と思われていることでしょう。しかし、人の欠点はすぐに目につくが、ほめるところはなかなか見つからない、ということもよくあることです。

二、三人の子供を持つ親の場合、知らず知らずのうちに、比べて育てていることもあるのではないでしょうか？

「お姉ちゃんは、帰ってくるとすぐに勉強しているのに、お前は……」

「お姉ちゃんだから、辛抱《しんぼう》しなさい！　いつも言っているでしょう！」

こういった日常的な親の言動が、子供にとっては、「私はいつも叱られてばっかり」ということになりかねません。

他の人と比較してしまうことは、家庭ばかりでなく、職場や学校などいろいろなところで起こり得ます。私が常に気を配っていることは、人を自分のものさしで比較しない。そして、個々の良さを最大限に評価するということです。

私が小学校の教員だった頃の例を一つ紹介しておきます。

毎学期末の通知票には、数字や記号で示す各教科の成績（評定）とともに、学期ごとに目立ったことを言葉で記す「所見欄」というものがあります。この「所見欄」は、学期ごとに二、三行記すのが一般的ですが、私は、同じ学年を担当する先生方にお許しをいただき、通知票の大きさに合わせてB5またはA4の大きさの紙に「先生からのお手紙」と題して、学期に一枚ずつ、一人ひとりの顔を思い浮かべながら、その子の「良さ」を綴《つづ》っていきました。

通知票をもらった子供たちは、通知票に顔を埋《う》めるようにして、こそっと成績欄を見て、悲喜《ひき》こもごもの表情や声を発するのが普通《ふつう》の光景です。しかし、この「お手紙」を始めてからは、成績が良かった子供も悪かった子供も、私からの「お手紙」を読みながら相好《そうごう》を崩《くず》しているのです。子供たちですらこういう状況ですから、保護者の方にとっての嬉《うれ》しさは、私の想像をはるかに超えたものだったようです。

終業式の日に、学校に泣きながら飛んで来てくれた母親もいました。

「先生、ありがとうございました。うちの子は勉強ができないうえ腕白《わんぱく》なため、今まで、あまり担任の先生からほめられたことがありませんでした。しかし先生は、ちゃんとうちの子の良いところを見ていてくれたんだと思うと嬉しくて嬉しくて……」

こういった反応を示してくださる保護者の方は、一人や二人ではありませんでした。

「その子の良さ」は、その子にしかないのです。「その子のそのときの発言」は、そのときにしか出せないのです。

例えば、次のようなことを私は綴っただけなのです。

○○の勉強をしていたとき、○○ちゃんは、○○のようにつぶやいたね。小さな声だったけど、それを聞いたクラスの皆は、ビックリしていたね。あの発言から、勉強は凄く盛り上がったよね。先生にも思いもつかなかった素晴らしい発言でしたよ。

こういった通常の授業での一コマは、成績が上位とか下位とかはまったく関係ありません。どんな小さなことでも見逃さず、あるときは「ほめ」、あるときは「認める」耳と目を持っているかどうかでしょう。

何年か前、年賀状が発売された頃の新聞に次のような投稿《とうこう》が載《の》っていました。それは、会社の上司からの年賀状にたった一言添《そ》えられていた言葉についてでした。正確な表現ではありませんが、頑張ってても頑張ってもなかなか成績が上げられなかったときのことです。上司からの一言は、「君の頑張りは、私がいつも見ているからね」だったと言います。そして次の年には、「君の頑張りは、仲間が見ているからね」としたためられており、その翌年には、「君は、もう私が見ていなくても大丈夫だ」と言ってその上司は退職されたということでした。

この年賀状の「一言」は、ほめ言葉ではありません。むしろ、あなたの「存在」をしっかりと「認めているよ」といった励ましだったと思います。

もう一つ、あるお母さんの、自分の子供の存在の認め方について紹介しておきます。

ある日のクラスの「終わりの会」で、担任の先生から、「おうちの方の『私の宝物』

を聞いてきましょう」という宿題が出されました。ある腕白な男の子は、家に帰ると、早速《さっそく》、「お母さん、肩を叩《たた》いてあげる」と言いました。そして、お母さんの肩を叩きながら、

「お母さんの一番の宝物は何なの？」

「えっ、どうしたの？　急に……」

宿題って分からないようにしなさい、と担任の先生から言われていたので、「何となく訊きたくなったの」と、その子は、ごまかしました。お母さんは、

「そうだね。お母さんの一番の宝物はね……。今、お母さんの肩を叩いてくれている人かな？」

と嬉しそうに答えました。

翌日、その子はニコニコして、その出来事を皆の前で話したということです。

この逸話《いつわ》は、私のゼミの学生が教育実習先で経験した素晴らしい秘話の一つとして、涙を浮かべながら話してくれたものです。

人は、ほめられて成長し、存在を認められて成長するのですね。

ほめて成長、認めてさらに成長!!

①ほめるタイミング、認めるタイミングを見逃さないこと!

②的確な「一言」が、人を変える!

③ほめるところが少なくても、認めるところは必ずある!

4 傷ついた娘の心に寄り添う

家族との対話の中でも思春期の子供との対話ほど難しいものはない、といわれます。

ここでは、高校生だった頃の娘や息子と交わした対話のエピソードを通して「親子の関係」に迫《せま》ってみたいと思います。

山口大学に赴任《ふにん》したのは、娘が高校一年生、息子が小学校六年生の九月のことです。

ただ、家族全員が山口県に移り住むのは、息子が中学校に上がる切りの良いところでとなり、娘は高校二年生から山口県の高校に編入学するということになりました。

新しい学校に馴染《なじ》むかどうか若干心配していましたが、不登校気味というかたちでこの心配が現実になったのは、編入してからそれほど時間は経っていませんでした。

娘が学校に行けなかった原因の一つが、成績のことでした。国語を得意科目としていましたが、その国語の成績があまりにも良くなかったのです。こうなれば、クラスの友だちから、「ねえ、大阪弁しゃべってみて」と言われることも、「お父さんは、山口大学の先生なんだって？」と言われることも嫌で嫌でたまらなくなったのでしょう。

私が仕事から帰ると、部屋に閉じこもっている娘がいます。一日二日は、妻も、「もう少し様子を見てみる」と言いました。しかしそれが、一週間近くなるとさすがに気が気でなくなります。これまでにこんなことはなかったのですから。

ある日、妻から、「そろそろ話を聴いてあげて」と言われ、意を決して娘の部屋に行くと、

「私のことはほっといて！」と私を拒《こば》みます。それでも話を聴こうとした途端に、

「お父さんは、自分勝手にどうして、山口なんかに来たんよ！」

と言って、トイレに逃げ込んだのです。

「私ら子供のことを何も考えずに、大学の教員になんかなるから、子供が辛い思いをするんよ！」

と、まくしたてます。直感的に、「大学の教員の子供のくせに、何で、こんなに成

績が悪いのか」と自分で自分を責めているのだな、と気づきました。

ありがたかったのは、逃げ込んだのは、トイレの中だったことです。扉《とびら》はあるにせよ、これでゆっくり娘と対話ができます。

「ごめんな。お前たちのことを真剣に考えずに、山口に来てしまって。ごめんな」

素直《すなお》に謝《あやま》りました。

娘は、言いたいことをすべて言い尽くしたのか、黙《だま》って聴いてくれそうです。

「お父さんが大学の教員だから、辛い思いをしているんか？」

「………」

「そうか。しかし、お父さんが大学の教員というのと、お前の成績とは関係ないと思うな。お父さんは、仮にお前が今の高校が嫌で辞めたいと思っているんだったら、お前の気持ちを尊重《そんちょう》するよ。好きにしたら良いよ」

あくまでも娘の気持ちを尊重したいと考えていました。

しかし、娘はやはり黙っています。そこで、最後にこう言って、その場を離れました。

「しかしな、お前たちより普通は、お父さんとお母さんは早く死んでしまうんだよ。

お前はお前の人生を生きていくしかないんだ。一回しかない自分の人生だよ。自分で真剣に考えて、自分で決めなさい。お父さんもお母さんもお前が決めたことを尊重するから」

この日の出来事については、今に至《いた》っても一度も語り合ったことはありません。しかし、今この娘が三十歳を過ぎ、元気で小学校の教師を続けている原点は、「この日」にあったと私は確信しています。

娘は、次の日から高校に通い始めました。そして、それまでよりも明るくなり、友人を家に連れてくるようになったのです。

「親子の対話」で大切にしたいこと――その1

①上から目線で話さないこと
②共感的に〝聴く〟こと
③一対一で向き合うこと
④ほめるよりも存在を〝認める〟こと
⑤子供の気持ちが理解できたなら
素直に謝るべきことは謝ること

5　思春期の息子と向き合う

私の年代の父親の多くがそうであるように、私も、家庭よりも仕事、子育てよりも仕事を優先していました。しかし、妻からはかねがね、息子が中学生になれば母親の手に負えないこともあるから、子育てに加わってくれるよう申し伝えられていました。

息子は、小さい頃から野球が好きで、中学では野球部に入りました。小学生の頃は子供会でソフトボールクラブに入っていましたが、私は一度も応援には行ったことがありません。しかし、中学からは、応援だけではなく、極力《きょくりょく》、山口県下や広島県などの遠征にも時間を捻出《ねんしゅつ》して付き添うようにしました。

その息子が、どうしても甲子園に行きたいからと、山口県下のある私立高校に特待生として入学しました。一年生の初めの頃は自宅から通っていましたが、朝は始発の電車、帰りは最終電車という状態で、このままでは息子もその世話をする妻の体ももたないだろうと判断し、二人を高校近くのアパートに住まわせることにしました。

その頃は、大学生の娘は家を離れていましたから、私は単身状態。一週間か二週間に一度、私が二人の住むアパートまで会いに行く生活が二年余り続いたのです。

たまに行って、遅い夜の食事をともにしながら、バッティングの調子やチーム状態を訊きます。バッティングの調子が上がらないときは、車で小一時間かけてバッティングセンターまで連れていくという親バカぶりです。

息子とあまり話せないときは、決まって、簡単なメモを残して帰りました。

「焦るな。練習はウソをつかないからな」

直接的な会話ができなくても、「思い」を言葉で伝えることはできます。私はメモにそのことを託《たく》したのです。

妻は妻で、昼はパートをしながら、必死《ひっし》に息子の世話を焼いています。そんなことは百も承知なはずなのに、息子は自分の野球の調子の波に一喜一憂しているようでした。

ある日、久しぶりにアパートを訪れたときのことです。ゲンナリして帰って来た息子を妻が玄関に出迎《むか》えました。妻は、さもご主人様を迎えるかのように、「お風呂にする？　それとも先にご飯にする？」（私には一度もかけてくれたことがない言葉です）と訊いたのです。

息子は、一言、「ふろ」とだけ答えて、風呂に入っていきました。そして、風呂から上がると、黙って私の横に座って食事をし始めたのです。その憮然《ぶぜん》とした態度《たいど》を見ていた私は、

「お前は何様だと思ってるんだ！　お前の今の態度は何だ！　お母さんはお前のお母さんでもあるが、お父さんの妻でもあるんだ！　許せん。お母さんに謝れ！『ありがとう』の一言も言えんのか！」

と吠《ほ》えるがごとく叱り飛ばしたのです。

息子は我に返ったように私の言葉を申し訳なさそうに聴いておりました。そして、

「ごめんなさい」

と妻に素直に謝ったのです。

「お前のために、お母さんがどれだけ苦労しているのか、ちゃんと分かってあげないとダメだ。それだけ分かってろ！」

と言って話を終えました。

息子たちの代では甲子園には行けませんでしたが、次の年の春、後輩たちが甲子園に出場することができました。卒業間際の野球部の保護者と選手たちとが一堂に会した「卒業パーティー」の席上で息子は、「何よりもこの三年間、両親に感謝したい」と述べていたことが印象的でした。息子の高校での野球人生は無駄《むだ》ではなかったと思えました。

その後、息子は大学を卒業して消防士になりました。初めてもらった給料やボーナスから私と妻に小遣いを何度も仕送りしてくれたのも、まんざら野球部の「卒業パーティー」での言葉が嘘《うそ》ではなかった証《あかし》かなと素直に喜んでいます。

娘と息子の二人は、ともに子供の親となりました。これからの長い人生の中で、子供の親として、どのような「エポックメーキング」（新たに一つの時代を開く）な出来事をとらえることができるのか、陰ながらじっくりとお手並みを拝見することにします。

親と子供の対話ほど難しいことはありません。だからこそ、一つの出来事を大切にしなければと思います。その一つの出来事、その一つの対話がその後の人生を左右するといっても過言ではないのですから。

「親子の対話」で大切にしたいこと——その2

①対話ができるチャンスを逃さないこと

②叱るときは思い切り〝叱る〟こと

③日常の交流を大切にすること——簡単なメモの活用——

＊親が留守をして、子供だけで食事をしなければならないときなどには必ず、「○○に行って来ます。電子レンジで温めて食べておいてね。○時までには帰るからね」といった簡単なメモを残しておいてあげましょう。この「一言」が子供の心に届くのです。

6 勉強嫌いの遠藤周作を変えた恩師の励まし

「師運」という言葉にめぐり合ったのは、作家、遠藤周作のエッセイ集『生き上手死に上手』（文藝春秋）でした。「師運」という言葉は、私の手元にある『広辞苑』やその他の国語辞典にも載っていません。しかし意味は、文字通りで、「師」とめぐり合える「運」ということでしょう。その「師運」が、己《おのれ》の人生を決定づける――それほど深い意味が込められています。

遠藤周作は、小学校や中学校（現在の高校）時代は、出来の悪い子供だったようです。この本の中には、いくつかのエピソードが紹介されています。ここで、それらのうちのいくつかを紹介してみましょう。

小学校時代、「サムイ」「イタイ」「ウレシイ」などの反対の言葉を書け、という問題では、得意満面に「イムサ」「イタイ」「イシレウ」と書いたといって母親に自慢しました。そうした周作に対して母親は、「あなたは大器晩成《たいきばんせい》なのよ」と励ますと、その意味が分からない周作は、友だちに、「ぼくはバンキタイセイだ」と言って触れ回ったというのです。

中学校時代、数学の苦手な周作は、「…を証明せよ」というすべての問題に対して、「そうである。全くそうである。ぼくもそう思う」と答え、数学の先生から頭を張り飛ばされます。このエピソードについて大小説家となった遠藤周作は、次のように振り返っています。

もし、そのような私の中の頓智とウイットの才能を評価してくださったのなら、せめて百点満点で五点はくださってもよかったと思う（今、私が教師ならそうしただろう）。なぜなら、その「そうである。全くそうである。ぼくもそう思う」を書いた才能が、私が作家になる種となったのであるから。

周作は、小説家になるべき小さな種を植えてくれた小学校三年のときの担任の先生のことについても述懐《じゅっかい》しています。その先生にすすめられて初めて書いた周作少年の詩は、次の通りです。

シュッ、マッチ
ポッ、タバコ
たばこ、のみたいな

この周作少年の詩を、先生は激賞《げきしょう》します。

遠藤周作が作家となる芽《め》は、この詩を激賞された担任の「一言」から芽生えたといって良いでしょう。

その後、遠藤周作は、何年かの浪人の末に慶応義塾大学に入学します。「私は慶応に入るまで、ほとんどいかなる勉強にも興味を持たなかった」と述懐し、「勉強が面白いものだ、おいしいものだということを、先生たちから私は教えてもらえなかった」

と嘆《なげ》くのです。そして、次のように中学校時代までの勉強を振り返ります。

私は今でも思いだす。馬鹿馬鹿しかった修身の授業を。少年からみても人間がかけている歴史の授業を。文章を味わわせるよりはひたすら解釈を第一とした国語の授業を。あれは勉強ではなかった。あれは本当の学問ではなかった。あれはたんなる受験のための強制丸暗記にすぎなかった。

こういった遠藤周作が「師運」に恵まれることになるのは、慶応義塾の元塾長だった佐藤朔《さく》先生との出会いからです。

遠藤は、佐藤朔先生との出会いが、「勉強嫌いの私を勉強好き（？）の男に変える大転機になった」とまで断言《だんげん》。佐藤先生のことを、「学者であると共に名教育家だとも思っている。先生はまず勉強嫌いの私に好奇心をあおるような仕掛けをつくられた。／お前は才能があるとおだててくださった。勉強というのは実においしいのだぞ、ということも吹きこんで頂いた」（／は改行。筆者注）と述べます。

遠藤周作にとっては、佐藤朔先生との出会いが、人生のターニングポイントとなったのですね。

その後、遠藤は、小説家になる道を歩み出すのですが、それ以後は、山本健吉や原民喜《たみき》など多くの「師運」に恵まれることになる、と回想しています。

山口大学教育学部でも現在の創価大学でも同じことですが、教員を目指す学生に、「なぜ、教員になろうと思ったのですか」と訊ねると、多くは、小学校や中学校時代に、「素晴らしい先生と出会ったからだ」と答えます。そして、「あんな先生に自分もなりたい」と。

人間にとって「師運」に恵まれることほど幸せなことはないでしょう。それは、「師運」に恵まれることによって、その人の人生が変わるのですから。ここでいう「師」とは、師=先生にとどまりません。職場の上司、先輩、両親など関係を持つ人すべてが「師」となり得ると思います。

遠藤が「師」と仰いだ佐藤朔先生は、フランス文学を専門とする学者だったそうです。「勉強というのはおいしいものだ」と教わった遠藤は、「はじめてお目にかかった日に、読めもしない二冊の原書を拝借して帰宅している。そして、その夜から字引を引きつつ、その本を読むようになったのだ」と述懐し、「あれは魔術みたいだった」と感想を述べています。

師となる人の言葉は、素直に受け止められます。求める心、現状を良しとしない心に、カチッと収まることを言ってくれるのが師なのです。

「求めてこそ『師運』に恵まれるのだ」という遠藤周作の言葉は、師となる人の発信を受信する準備ある人だけが師運を引き寄せるということでしょう。それは、受け手側の「このままで良いのか」「自分は何がしたいのか、できるのか」という自分との対話と、人に会おう、人の話を謙虚《けんきょ》に聴こうという積極的な姿勢にかかっていると思います。

「師運」を引き寄せるために大切なこと

①師運とは、「師」とめぐり合える「運」のこと

②求めてこそ「師運」に恵まれる

③師運を引き寄せられるかは、受け手側の積極的姿勢にかかっている

7 「ほめて喜ばれ、叱って感謝される人」を目指して

「ほめて喜ばれ、叱って感謝される人でありたい」とは、1章7で述べた近畿日本鉄道元社長の辻井昭雄さんの言葉ですが、なかなか実践に生かすのは難しいことです。

私は、「怖《こわ》い人」というのは、表情も怖くて、いつも怒っている人。「厳しい人」は、人に厳しいだけではなく、自分にも厳しく、叱られたときも、「分かってくれればそれで良い」と言ってニコッと微笑んでくれる人というイメージを抱いています。

「優しい人」と「温かい人」についてはどうでしょうか？ 「優しい人」は、どんなことがあってもいつも「そんなに気にしなくても良いよ。人間なんだからね」などと言って、フォローしてくれるような存在。それに対して、「温かい人」は、ベースは「優しい人」なのだが、ときには「厳しい」側面を持ち合わせている人。つまり、「優しさ」

ばかりではなく、「厳しさ」もあり、いつも陰ながら見守ってくれる人、というのが私の「温かい人像」です。

こういった論理からすれば、辻井さんの言う「ほめて喜ばれ、叱って感謝される人」というのは、私の言う「温かい人」ということになると思います。

職業柄、人を「教え、育む」という立場となったからには、私も「優しい」だけの人ではなく、優しさの中にも厳しさを兼ね備えた人間になりたい、と願ってきました。しかし前述したように、「叱って感謝される人」なんて、そんなに簡単にできることではありません。

これまで多くの失敗を重ねてきた私にとって、それらの失敗の経験を生かそうと努めてきたことがいくつかあります。それをかいつまんで述べてみることにします。

まず、噂《うわさ》や伝聞を鵜《う》呑《の》みにしない、ということです。

小学校五年生の担任となり、年度初めの家庭訪問でのことです。A君の自宅を訪問すると、母親からいきなり、「また、うちの子の悪口を言いに来られたのですか！」と切り出されました。A君は、学校では、問題行動をよく起こす子というレッテルを貼《は》られている子でした。

啞然《あぜん》とした私は、「えっ、どういうことですか？」と訊ねると、「うちの子は、小学校に入学以来、一度もほめられたことがないのです。それどころか、何かあればいつもいつも学校に呼び出され、文句ばかり言われてきました。先生もそうなんでしょう！」と吐き捨てるようにまくし立てたのです。

私は、四月以来約一カ月間の出来事を思い出しながら、「A君は、本当は優しい子だと思っていますが、そうではありませんか？」と返答しました。すると、その母親は、父親がいないこと、兄が二人いること、その二人の兄からよく苛《いじ》められていることなどを話してくれました。そして、「私には一番優しい子で、いつも一人で食事をしなければならない不憫《ふびん》な子なんです」と語ってくれました。

私は、「学校では教師として、また、父親代わりとして一生懸命頑張りますから、たとえ一人で食事をしなければならない状況であっても、お母さんの気持ちが伝わる簡単なメモだけでも残しておいてあげてください」と、約束をして帰りました。

ある日、算数のテストの成績が悪かったA君は、そのテストプリントを丸めて、ゴミ箱に捨てたのです。それを見つけた私は、その日の放課後、A君と二人だけで話し合いました。彼のとった行為《こうい》に対しては、叱責《しっせき》もしました。そして、家庭訪問で母親と語ったことについても話しました。

するど、彼の目からは大粒の涙が溢《あふ》れ出たのです。私は彼のその姿に触れ、思わず抱きしめていました。母親の心を知り、担任である私が味方であると感じた彼は、それ以後、クラスの良きリーダーに成長していきました。

どんな子でも、その子なりのプライドがあります。何か「負の行為」があったときは、皆の前で叱責をしない、ということも経験

から学んだ大切なことでした。

また、小学生であろうと大学生のような大人であろうと、いさかいやもめ事があったときに、特に注意を払っているのが、「一方の言い分だけを鵜呑みにしない」ということです。

双方の言い分を一度に聴くこともありますが、まずは、それぞれの言い分を聴き、いさかいやもめ事の原因とその背景を極力理解するように努めることにしています。感情を害する行為や言葉は、その場で注意したり叱ったりできます。本人たちにそのことをいくら咎《とが》めてもほとんどの場合、反論しません。

問題を解決の方向に導くのは、行為や言葉の背景や本質に「心の耳」を傾けることができるかどうかです。「心の耳」で聴いたそのことを、今度は双方に伝えるのです。そうすることによって、根本的な解決をみたとき、結果として、「叱って感謝される人」になるのではないかと私は信じています。

「叱って感謝される人」とは

①「優しい人」より「温かい人」を求めましょう

②「温かい人」を目指しましょう

③噂や伝聞を鵜呑みにしないようにしましょう

④皆の前で叱るのはやめましょう

⑤叱る内容をしっかりと見極めましょう

⑥行為や言葉の背景や本質を「心の耳」で聴き分けましょう

第3章

自らを励まし、自信と勇気を引き出す

1 自分の中にもいる「異質な他者」と向き合う

毎日配達されてくる新聞で特に楽しみにしているのは、コラムです。コラムとは、新聞や雑誌の囲み記事のことですが、自分が表現したいと思っていることを、端的《たんてき》に述べられているものに遭遇《そうぐう》すると、そそくさとハサミを取り出してチョキチョキと切り抜きます。二〇一三年五月五日付けの朝日新聞の「天声人語」もその一つでした。

いったん懐を飛び出した金はもう俺のものではない。落とした財布を届けられた大工は、そういって受けとらない。届けた左官も引き下がらないから、大げんかになる。南町奉行、大岡越前守（えちぜんのかみ）の裁きは……。落語の「三方一両損」である。

落語の事例を話題に取り上げた後、話はこういうふうに続いていきます。

人の心はややこしい。二心という言葉もある。一つの頭の中で天使の声と悪魔の声が交錯したりする。損するより得する方がいいと、誰もが簡単に割り切るわけではない。見えもあれば、利他心もある。

これから私が書こうとしているのは、まさにこの誰しもの心の中にある「二心」なるものについてです。

人間の「二心」を表現した世界的に有名な言葉としては、シェイクスピアの『ハムレット』に出てくるセリフ、「生きるべきか、死ぬべきか、それが問題だ（To be or not to be, that is the question.）」というのがあります。人間の心の中の葛藤《かっとう》を的確に表現したものとして、世界中の人たちに受け入れられてきました。

この心の中で起こる「葛藤」こそ、自分の中に立ち上がってくる「異質な他者」の存在といえます。「葛藤」は沈黙《ちんもく》の中で行われます。黙ってはいるが、心の中で「対話」

は活発に行われています。沈黙の中で、「To be or not to be」と思考するのです。だから、「沈黙も表現力」といえるでしょう。

この章では、どんなときにこの「内言《ないげん》（心の「内」での言葉のやりとり）力」が活発になるのかを、紹介してみることにします。

養老孟司さんから「何か考えていることがあるなら、思い切りなさい」と背中を押されて（1章2参照）から数日後の未明、救急車のお世話になり、入院を余儀《よぎ》なくされました。

病名は、「腹腔内膿瘍《ふっくうないのうよう》」とのこと。「右腹の盲腸《もうちょう》を含む回盲部というところに膿《うみ》が点在しているため、その膿が一箇所に集まり出したら手術します」ということで、手術は入院してから九日目でした。

しかし、手術ですべての膿を取り出せないため、右腹に少し穴を開け、その穴に管を突っ込みお腹の中に残っている膿をすべて取り除かなければならず、入院生活は長引き、創価大学への転勤手続きの期限が迫《せま》っていることが気になり始めました。

養老さんには、「はい！」とはお応えしたものの、入院前に手続きを進めていなかったのは、心のどこかにまだ完全には払拭《ふっしょく》できていないもやもや感があったからなのです。

病院の白い天井を見つめながら、自己内対話が繰りかえされます。

「山口大学に来て約十年か。国立大学も法人化されるし、大学には未練《みれん》はないのだけど……附属光小学校はどうするんや。また、途中《とちゅう》で辞めるつもりか……」

附属光小学校の教員やPTAの会長さんらが見舞いに来てくださると、この思いがさらに強くなります。

附属光小学校の校長は、百人以上もいる教育学部の教授会の選挙で選ばれているのですから、なおさら葛藤が続きます。

「お前は、小学校の教頭職も途中で放り出して、山口大学に来たんだろう。また同じことを繰り返すのか！　お前を慕《した》ってくれている可愛い子供たちや保護者を見捨てるのか！」

と、今度は自分を責め始めます。

そうかと思えば、養老孟司さんの「十年一区切り」という言葉や「何か考えていることがあるなら、思い切りなさい」という言葉が蘇《よみがえ》ってきます。

ある日、見舞いに来てくださった教育学部のある教授が、

「長崎さんが患《わずら》っている回盲部という場所を甘くみたらダメだぞ。俺の婆さんも同じところに膿が溜まってそれが原因で死んだのだからな」

と気遣ってくれました。

しかし、そのときは、「俺を不安にさせてどうするんじゃ！」なんて、怒りに似た思いも抱いたものです。一方、一人、病室の天井《てんじょう》を見つめていると、以前見舞いに来てくれた教え子が言った「僕が見舞いに行くと、必ず、その方が亡くなられるので……」という言葉に真実味を感じ始めている自分がいたのです。

「死」という言葉が突然《とつぜん》浮かんできました。

そして、しみじみつぶやくのです。

「人生、一回きりなんだなあ……」

五十四歳のときでした。そして、こうもつぶやいていたのです。

「最後の職場は、山口大学ではない。小学校教員で二十年。山口大学で十年。教育公務員として三十年も勤《つと》めたんだ。それで十分だろう。附属光小学校の子供たちや保護

者には申し訳ないが、任期いっぱいまで務めてもあと二年だ。思い切ろう。最後の職場を創価大学に決めよう！　新天地を求め、そこでもさらに教員養成に励《はげ》もう！」

そう腹が決まると、妻を病室に呼び、主治医に「二、三時間だけ外出許可を」とお願いして自宅に戻り、転勤に必要な書類の準備に取りかかったのです。

あれから約十年が経過しました。あのときは、死を身近に感じた自分の中の異質な他者との対話でした。

人生の岐路《きろ》となる病院のベッドという特別な環境での自己内対話について述べましたが、日常では、静かな空間、例えば、慣《な》れた道をラジオも音楽も聞かずに、一人、車を走らせているときなどが、格好の自己内対話の時間です。

「書斎よりもファミリーレストランのほうが集中できる」という脚本家の宮藤官九郎《くどう》さんのように、カフェやファミリーレストランなど少しにぎやかな場所のほうが良いという方もいるようです。「狭い我が家のトイレこそ」という声も聞きます。

内なる異質な他者と向き合うところはそれぞれなのです。ただ、自分の思索・思考の場所を決めておくと、そこに身を置き、しばらくすると自然と頭が自己内対話モードになるので良いと思います。

「異質な他者」とは

①葛藤は、自分の中に立ち上がる異質な他者

②葛藤は沈黙の中で行われるが、
心の中で活発に対話が行われる

←

「沈黙も表現力」である

③自分の中にもいる「異質な他者」と
向き合う場所をみつけよう

2 折れそうな自分の心を叱咤激励する

学校の先生というのは、「先生」と敬称《けいしょう》を付けて呼ばれるため、ときに妙な錯覚《さっかく》に陥《おちい》ることがあります。

新任の先生方の多くは、三月三十一日までは「学生」の身分だったのに、四月になった途端《とたん》に「先生」と呼ばれます。どうも落ち着かない居心地《いごこち》の悪さを感じているだけなら良いのですが、冷静《れいせい》に考えれば分かるはずなのに、急に偉《えら》くなったという勘《かん》違いを起こしてしまう場合があります。

視線は上から目線、先生は「話す人」、児童・生徒は「聞く人」、まれには体罰《たいばつ》という始末《しまつ》。すべての先生方が、「私は徹して、弱い者の味方」という姿勢《しせい》であれば、こういった状況にはならないだろうと思うのですが、なかなか事はそんなに簡単ではないようです。

情けないかな実は私も、この状況に近かったかもしれません……。

教員になって五年目、二校目の小学校に転勤をしました。あと二年は、初任者として勤《つと》めた学校での在籍が希望でしたが、二校目の校長先生に「どうしても」と懇願《こんがん》されて、やむなく転勤しました。まだ半人前以下だったにもかかわらず「懇願」されたのです。心情的にはまんざらでもなかったのでしょう。ひょっとして優越感《ゆうえつかん》を抱いていたかもしれません。

目標や夢などが実現し、天にも昇る有頂天《うちょうてん》の心情のとき、油断から足元をすくわれます。まさに「魔は天界に住む」です。転勤した年の九月から俗《ぞく》に言う「学級崩壊《ほうかい》」状態が始まったのです。

事の起こりは、クラスのある男の子と隣《となり》のクラスの男の子のケンカでした。私が止めに入り、理由も聞かず自分のクラスの子供だけを叱《しか》りました。それ以来、その子を中心として、クラスが荒《あ》れていきました。

関係修復のきっかけづくりにしたいと、男の子たちに、「週末、家に遊びにおいで。

付き合うよ」と声をかけました。リーダー格のその子は、クラスメートを引き連れて本当に遊びに来てくれました。

ソフトボール、山登り、ハイキング……。彼がやりたいということにとことん付き合います。そのときは、皆、楽しそうで何のわだかまりもなく過ごして帰っていきます。

その日は、「今度こそは」と自分に言い聞かせて床につきます。

月曜日、「きっと雰囲気《ふんいき》が変わっている」と、期待を込めて学校に向かい、「大丈夫」と自分を励まし、教室に入るのです。しかし、何も変わっていないという現実が目の前に……。

その繰り返しに、学校に行くのが怖《こわ》くなりました。

「一人の子供さえ満足に育てられないのか。お前は、教師失格だ！」

毎日、自分を責めます。

半年が過ぎた頃には、食べ物は流動食しか喉《のど》を通らなくなっていました。六十キロ近くあった体重も五十二キロまで落ちました。もう精神的には「地獄」です。

帰路《きろ》、陸橋からふと下をのぞきこみ、「ここから身を投げ出したら楽だろうな」と思ったこともあります。

「現実から逃げて良いのか？」

「それは自分に負けることでもあるんだぞ！」

「この子たちを卒業させるまでに何としてもこのクラスを立て直そう！　笑顔で、中学校に送ろう！」

毎日、自分で自分を叱咤激励《しったげきれい》します。

それ以後も事態はそれほど変わりませんでした。「これだけやっているのに……」と、諦《あきら》めかけたこともありました。それでも、日常の微妙《びみょう》な変化を辛抱《しんぼう》強く積み重ね、そこに〝喜び〟を見出し、何とか一年半後の卒業式を迎《むか》えることができたのです。

子供たちは、学級崩壊などなかったかのように、他のクラスの子たちと同じく泣きながら卒業していってくれました。

その後、私は「熱い」教師になって、自分から進んで「荒れたクラス」の担任を買って出るまでになりました。国語の研究にも熱心に取り組み、大学院に進学、そして、今の私があります。

この貴重な体験は私に何を残してくれたのでしょうか？

目の前の課題、子供たちに真正面から向き合うことの大切さです。あの頃は、教師以外の道も考えていました。その中途半端な姿勢のままだったため、クラスも変わらなかったと気づいたのです。

そして、どんなことがあっても現実から逃げないという覚悟です。だからこそ、子供たちから教えられ、育てられ「教師は天職」と思えるまでになりました。

あの「学級崩壊」状態だったときの子供たちが、私を本物の教師へと導いてくれていたのです。

辛く苦しい時の自己内対話

①「魔は天界に住む」と自らに言い聞かせ、謙虚な姿勢を貫く

②辛いときは、日常の微妙な変化に「喜び」を見出し、それを励みにする

③目の前の課題と真正面から向き合う

↓

苦しい現実を乗り越える可能性が見えてくる

3 思い出の地に立ち、自分を励ます

「日常」の中にいると、「非日常」を味わってみたくなります。「現実」の中にいると、「非現実」の世界に行ってみたくなります
阿蘇《あそ》山の火口の雄大《ゆうだい》さ、心洗われる石垣島のエメラルドグリーンの海の色、自然に溶け込んでいくような奥入瀬《おいらせ》の渓流《けいりゅう》……。いずこでも、日常の煩雑《はんざつ》さから解放された非日常の世界にわが身を委《ゆだ》ねるのです。現実の世界では味わえない感動を覚え、そしてその余韻《よいん》に浸《ひた》りながら日常の世界へ、現実の世界へとまた舞い戻ってくるのです。
「命の洗濯《せんたく》」とはよくいったものです。束《つか》の間の非日常の世界だと分かっていても、人は、明日への活力を求め、ぶらっと見知らぬ土地を訪れるのです。
「ぶらっと旅」は、予期せぬ感動、未知の刺激《しげき》を期待します。一方、もっと具体的な

目的を持つ旅もあります。

名所旧跡、博物館、映画やドラマのロケ地、尊敬・憧《あこが》れの人の生家《せいか》やその周辺などに行く場合、事前に知識やイメージを持っています。現地に到着すれば、写真や文章、映像などからは伝わらない香り、風、ときには地元の方々の暮らしが目の前に広がります。

そこで、自分の知識と現実の対話が始まります。

広島で原爆ドームを眺《なが》め、原爆資料館を訪ねれば、自分の知識の浅さ、現実の恐ろしさに心が打ち震《ふる》えます。平和について改めて問い直し、今なら、避難生活を余儀なくされている福島の方々のことも思い出され、原子力発電についても考えが及ぶかもしれません。

戦国時代の天守閣に上れば、その精緻《せいち》な職人技に驚《おどろ》き、当時の城下はどんなであったかをイメージし、城主の気持ちに思いを馳《は》せるでしょう。観光化されて室内は土産物屋になっていることはあっても、宿場町の面影《おもかげ》を残すエリアに行けば、当時の旅人の気持ちを想像することもあります。

尊敬する人・憧れの人が住んでいる地域に行けば、その本人に会えなくても、気分が高揚《こうよう》してくるのではないでしょうか?

こうした非日常もまた、日常の活力につながります。自分自身と向き合い、どのように感じているかを確認することができます。旅をすることで、知識として知っていたものが自分のものとなり、内なる他者との対話に深まりを加えていくのです。

私が約五十五年ぶりに帰郷したのは、故郷の地に立ったとき、私の脳裏《のうり》にどのような「原風景」が想起《そうき》されるのだろうか、という目的があったからです。

私の故郷は本州最南端の潮岬《しおのみさき》灯台のある和歌山県の串本という田舎町です。私が小学三年生の頃、人の良い父親が他人に騙《だま》され、多額の借金を肩代わりさせられたことが原因で、夜逃げ同然の状態でこの地を離れました。それ以後、大阪での生活が始まったのですが、両親からは一度たりとも「故郷に帰りたい」とか「一度戻ってみたい」という言葉を聞いたことがなく、私も戻る機会《きかい》をずっと逸《いっ》していました。

串本駅は、私が昔目にした木造の駅舎《えきしゃ》ではありませんでした。懐《なつ》かしいという感懐《かんかい》は湧《わ》いてきません。駅から母校の小学校まで、曲がりくねった狭い路地《ろじ》を迷《まよ》わず向かいます。この頃から私の頭の中には、幼い頃のことが映像としてフラッシュバックされ始めていました。

学校を抜け出し、休み時間や放課後に、裏山でかくれんぼやチャンバラごっこをして遊んでいたときの様子、幼かった二人の妹の子守《こも》りをしながら野球に興《きょう》じていた姿、小学校二年生のチームと六年生のお兄さんたちのチームとで対戦した軟式野球大会のときのこと。

「伸ちゃん、すっごく格好よかったよ！」

ファインプレーをしたときに、担任の女の先生だったN先生からほめられたときの言葉などがはっきりと思い出されてくるのです。

逃げ出すように故郷を後にしたはずなのに、何一つとして嫌な思い出は蘇りません。

串本の町の主だったところをめぐった後は、タクシーで「くしもと大橋」を通り、私が生まれた紀伊大島へと渡りました。

この小さな島に私の生家があり、私が生まれた頃は、母親の両親（祖父母）や長兄や次兄が住んでいました。その生家もすぐに見つけることができました。

海岸から歩いてもさほどの距離ではない生家にたどり着いたとき、ある思い出が蘇ってきました。

私がまだ四歳くらいだった頃のことです。生家から走り出た私は、この石の階段でつまずき、右の眉《まゆ》の部分を階段の角にぶつけたのでした。顔を真っ赤な血で染め大声で泣き喚《わめ》いている私を担《かつ》いだ高校生だった長兄は、一目散《いちもくさん》に病院まで走ってくれたのです。

「伸仁、がんばれ！　がんばれよ！　もうすぐだからな」

このときの長兄の言葉が、生まれて初めて聞く「励ましの言葉」だったように思います。

タクシーを待たせていた桟橋《さんばし》に戻り、ふと海を眺めたとき、幼い頃、立て続けに三度も海で溺《おぼ》れて九死に一生を得た経験の持ち主だったことを思い出しました。

一度目は、ぷかりぷかりと海を漂《ただよ》っていた人形を取ろうと海に入り、波にさらわれたこと。

二度目は、二歳上の次兄たちの魚釣りについて行って大島の突堤《とってい》から落ちたこと。

三度目は、串本の岩場で友だちと遊んでいて足を滑《すべ》らせたことです。三度目のときは、父親と一緒に助けてもらった漁師さんの自宅までお礼に行った記憶《きおく》がかすかに残っています。

「あの漁師さんが通りかからなかったら、お前は、間違いなく死んでいた！」

父親から、厳《きび》しく叱られた記憶が鮮明《せんめい》に蘇っていました。

その「場」に立ってみないと味わえない「昔との対話」「故郷との対話」の明と暗の部分が浮き彫りにされた思いでした。

一つ間違えば私は、幼い頃に命を落としていたのかもしれないのです。少年の日の思い出が、五十年以上の時を経て、「今」生きていることの意味を教えてくれているようでした。そして、これからの人生に対してエールを送ってくれているようでした。

思い出の地に立つとき

①旅は、知識が自分のものとなり、
内なる他者との対話に深まりを加えていく
②「思い出の地」に立ち、肌で感じ、励まされたこと
③思い出の地に立ってみて蘇る「原風景」
④昔と今をつなぐ延長線上に「将来の自分」がある
⑤蘇った「生と死」の原風景から得た
「今」を生きることの意味と人生へのエール

4

今日より明日へ、向上のための〝気づき〟

――自分を信じるための〝励まし〟――

女子マラソンの有森裕子選手の「自分で自分をほめたい」という言葉を覚えておられますか？　有森選手がこの言葉を口にしたのは、アメリカのアトランタで開催された第二十六回オリンピック夏季大会（一九九六年）のときのことです。若い人たちの中には記憶にない方もいるかもしれませんが、当時を知る方々には、勇気と感動を与えた言葉なのです。

有森選手は、その前の第二十五回バルセロナ（スペイン）大会で、優勝したエゴロワ選手に八秒の僅差《きんさ》で敗れはしたものの見事《みごと》に銀メダルを獲得《かくとく》。日本女子陸上界にとっては実に六十四年ぶりの五輪メダルでした。

しかしその後は、故障などでスランプに陥り、「私はなぜ走り続けるのか」と苦悩したり、「もう死んでしまいたい」と、真剣に思い詰めたりしていたといいます。それでも「このまま選手生活を終わらせたくない」との思いから踵《かかと》の手術に踏《ふ》み切ります。

そして臨《のぞ》んだアトランタ五輪で、優勝したロバ選手、二位のエゴロワ選手に続き、四位のドーレ選手との接戦を六秒の僅差で制して銅メダルを獲得しました。ゴール後のインタビューで涙《なみだ》を流しながら語った中に、「自分で自分をほめたい」という言葉があったのです。

「メダルの色は、銅かもしれませんけど……終わってから、何でもっと頑張らなかったのかと思うレースはしたくなかったし、今回はそう思っていないし……初めて自分で自分をほめたいと思います」

一言一言を絞《しぼ》り出すように語る有森選手を、テレビ越しに見ていた私にもその「感動」は伝わってきました。

自分と真摯《しんし》に向き合うというのはそんなに楽なことではありません。しかし、有森選手は、「私はなぜ走り続けるのか」と自分に問い、そして、「このまま選手生活を終わらせたくない」という強い思いに行き着きました。そこにたどり着くまでの過程で繰り返される葛藤や自問自答の中に、今日より明日への向上のための〝気づき〟があるのです。

この原理は、どんなスポーツであれ、どの段階での学業であれ、一喜一憂を繰り返す日常生活であれ、同じだと思います。

私は五十三歳からボウリングを始め、マイボウラー（自分のボールを持っている人）になり、山口大学でも創価大学でも、ボウリングサークルを立ち上げるまで熱中するようになるのです。

「なぜ……？」と思われる方もいらっしゃるでしょう。簡単にいえば、若い頃からまったくの無趣味だったため、単に〝はまってしまった〟ということなのでしょうが、高尚《こうしょう》にいえば、ボウリングというスポーツの中に人生を感じ、五十歳を過ぎてもなお、絶えず、向上のための〝気づき〟を感じたい、挑戦《ちょうせん》する志《こころざし》を体現したい、という思いが芽生《めば》えたからということになるのでしょう。

ボウリングも対戦する選手と点数を競《きそ》う競技ですが、戦っているのは対戦相手というよりもむしろ自分自身です。選手が最高点の三百点を叩《たた》き出すと対戦相手に負けることはないのですから。だから、いかにして三百点を出すか、いかに三百点に近づけることができるかが勝負ということになります。こういうふうに考えれば、ボウリングで最大の敵は、自分自身だと断言《だんげん》してもまんざら間違いではないように思うのです。

ボウリングを始めた頃は、インストラクターから、いつも同じところに投げるよう指導されました。ところが、同じところに投げ続けても、日によって、あるいは時間によって、ボウルの曲がり具合《ぐあい》が違うのです。

その理由は、投げ方にもよりますが、レーンコンディションが違ってきているからです。レーンに敷《し》かれているオイル状態は、試合が進んでいくと、同じレーンで投げる選手の人数や投げる場所によって、変わっていきます。良いスコアを出すためには、レーンコンディションを読んで、どのボウルを使うか、レーンのどこを攻めるのかを判断しなければなりません。

試合途中でレーンコンディションが変わってくれれば、自問自答が始まります。レーンを攻略《こうりゃく》するためには、自分自身と対話（自己内対話）し、声なき声を聴かなければならないのです。考え続けなければならないのです。

先ほども述べたように、ボウラーがいつも目標にしているのは、パーフェクト（三百点）を出すことです。三百点以上の点がないため、完璧《かんぺき》を期《き》すのはプロボウラーであってもアマチュアボウラーであっても同じ。そのためには、昨日よりも今日、今日よりも明日の自分自身の成長が求められます。技術の向上はもちろん、精神的な強さも求められるのです。

五十三歳から始めたボウリングですが、基本的には負けず嫌いな私は、今日学んだことを忘れないように、メモしようとしました。日々、学びの連続です。

私はいつもポケットに「メモノート」を入れています。俗にいう「メモ魔」ですが、この癖《くせ》は、ボウリングを始めてから身についたことなのです。

「同じところに投げても曲がりが少ないときは、ボウルを足元から転がすこと」

「五歩助走の一歩目は小さく踏み出す。そうすると肩の力が抜ける」

「残った10《テン》ピン（最後列の右端のピン）を取るときは、レーンの左端から〇枚目に立つこと」

このようなことをメモするのです。そして、課題を克服《こくふく》するために、時間を見つけては、夜中に一人で練習しました。こうした積み重ねが功を奏したのか、六十歳になる前にパーフェクトを達成したのです。

ストライクを十回重ねて、初めて、パーフェクトへの「挑戦権」が与えられます。ここからが精神的によりきつくなるのです。

まず、ボウリング場全体に、パーフェクト挑戦のアナウンスがされるのです。拍手の後は一瞬にして、ボウリング場からすべての音が消えます。ボウリング場に遊びに来ている人たちの視線も、すべて挑戦者に注《そそ》がれることになります。

それまでの十球とは比較にならないくらいの緊張《きんちょう》感に包《つつ》まれていきます。足も若干、震えているように感じます。そこに雑念《ざつねん》が混じるのです。

「ここでガター（溝）をやっちゃうと格好悪いやろうなあ……」

「一流と二流の差は、緊張を楽しめる選手と緊張に潰《つぶ》される選手との違いやなんて、確か、長島茂雄が言っていたなあ……」

なんてことが脳裏を掠《かす》めたかと思うと、それを打ち消すかのように、

「自分を信じて投げるしかないよ！」

「ダメ元だから、気楽に投げれば良いんだよ！」

といった自分自身を励ます声も聞こえてきます。

結果としては、初めての挑戦でパーフェクトを達成しました。その後、二回の挑戦の機会を得ましたが、いずれも十一投目でピンが一本残って達成できませんでした。

これらの経験から得たことは、何事においても最後は、自分との戦いに勝つかどうかだということです。二回目以降は、私に油断と傲慢《ごうまん》さがあったのかもしれません。

人生も同じです。自分が目指す道を定めたならば、まずは足元を見つめ、そして、しっかりとした展望と目標を持ち、前に向かって進みましょう。くじけそうになったときは、どうすればこの難局を乗り越えられるのか、自問自答してみましょう。きっと、自分の中から励ましの声が聞えてくるはずです。

大切なのは日々の努力です。地道に自分自身を磨《みが》き続けましょう。

有森裕子選手が語った「自分で自分をほめたい」という言葉は、自分自身に対する最大の「ほめ言葉」であるとともに、「最大の励ましの言葉」だと思います。人生の中で、何回この言葉を自分自身に言ってあげることができるのか、「今」からスタートしましょう。

向上のための〝気づき〟とは

①葛藤や自問自答の中に、
今日より明日への向上のための〝気づき〟がある

②同じことを繰り返す中での
ちょっとした変化に〝気づく〟こと

③日常の〝気づき〟をメモにとる習慣を！

④球界の「野村ノート」は有名だが、
あなた自身の「〇〇ノート」を

⑤相手と戦うよりも自分自身との戦いに勝つこと——
そのためには明確な目標を定めておくこと

⑥「自分で自分をほめたい」は最大の励ましの言葉

5 人間関係づくりの心得（人間を嫌いにならないコツ）

人間関係づくりの心得《こころえ》——なんて、偉そうなことは私には到底《とうてい》述べる資格はありませんが、「人間を嫌いにならないコツ」くらいならちょっとは語れそうです。

私はもともと人間が大好きです。「どうして？」と問われても、せいぜい「父親ゆずりだからでしょうか」とごまかすしか術《すべ》はありません。私は父親のことを次のように書いたことがあります。

親父には誰にも劣ることがないだろうという良さが一つだけあった。吉と出るか凶と出るかは別として、人の良さだけは一級品である。騙されても騙されても恨み節めいたことを一度も聞いたことがない。自分も貧乏なのに、自分よりも困っている人がいれば、なけなしの金を工面してやるくらいの、徹底したお人好しである。その人柄は、赤ちゃんからおじいちゃん、おばあちゃんまで好かれた。いつしかそのことだけは、私の誇りになっていた。

（拙著『エッセー集　心の景色』メディア工房ステラ）

ですから、私には、「人から騙されるのはOK。しかし、人を裏切ったり、人を騙したりすることだけは絶対にしない！」という「変な覚悟」だけは若い頃からありました。だから人付き合いは大好きでした。オーバーな表現を許していただければ「誰とでも」です。「誘《さそ》われたら断らない」というのが私の唯一の長所だと思っております。

「遊ぶときは遊ぶ」「付き合うときは仕事のことは考えない」と割り切り、その分、普段《ふだん》から「集中力が勝負」という信念《しんねん》でいます。仕事は、体力、気力、知力をフル稼《か》働《どう》させれば何とかなりますから、仕事でのストレスは現在でもそれほど感じたことはありません。

しかし、私はかつて一度だけ、人間関係のストレスを感じ、悩み、苦しんだ時期がありました。

人間をあれほど好きだと信じて疑わなかった私が、ある特定の人（Aさんとします）を避《さ》けるようになっていたのです。きっかけは、職場で、私がある役職に就《つ》いたことでした。事前に「上司に相談しても良いですか？」と打診《だしん》していましたが、「一切必要ない」と言われたため、黙っておりました。それがいけなかったのです。

それ以後のことはご想像にお任せしますが、悩みの連続でした。職場に行っても、Aさんに会わないようにと、Aさんが通る廊下《ろうか》は極力《きょくりょく》避けるように遠回り、懇親会などでも、Aさんに近寄らないようにしていました。こちらが避けているということは当然Aさんにも分かります。避ければ避けるほど、関係は悪化するばかりです。「顔も見たくない、口も聞きたくない」と思っている自分自身に対して、「本当に、このままで良いのか？」という内なる声が聞こえてきました。

「自分に非はないのか」「謝《あやま》ったじゃないか」、「関係を良くしようと思うのではなく、普通《ふつう》にやれば良いじゃないのか」「あの人は変わるとは思えない、無理だ」、毎日が自問自答の繰り返しです。自分の中に「異質な他者」が立ち上がってきます。

こういった日々がどれほど続いたでしょうか。私にとって一番説得《せっとく》力があった私自身の言葉（内言）は、「普通」という言葉でした。「普通にやれば良いじゃないの」と、自分に言い聞かせてからは、廊下を普通に歩き、「おはようございます」「こんにちは」などといった会釈《えしゃく》も普通にするように努めました。

そんなある夜の懇親会のときです。たまたまAさんと向かい合う席になってしまいました。「し　ょうがない」。そのときはそういう心境《しんきょう》で、極力「普通」に語り、「普通」に笑っていようと思っていました。話が、人間の内面に関する話題になったとき、私の質問に対してAさんは、示唆に富んだ返答をしてくれました。それは、他人《ひと》に言えない負《お》い目やコンプレックスが、人間を育ててくれる、ということだったと私は受け取りました。

このときの言葉を、今でも忘れていないばかりか、私を勇気づけてくれる言葉になっています。その「とき」から、Aさんとの関係は、より「普通」になっていったように思います。

人間関係というのは、まさに人間対人間の関係です。生まれも育ちも違い、価値観も違って当たり前です。だから、分かり合えないことが起こって当然といえば当然です。そのときに、どのように考え、どのように行動するかでしょう。私の経験からいえることは、人間と人間との「距離」が一番大事だということです。

それには、物理的な距離と精神的（心理的）な距離があります。人間関係がうまくいっているときは、両方とも近く、その関係が崩《くず》れたときは精神的な距離が離れることにより、物理的な距離まで離れてしまいます。しかし、精神的な距離は離れたままでも、私が経験したように、「普通にやれば」と自分に言い聞かせて行動して、物理的な距離をあえて縮めることにより、「普通」が戻ってくるように思えるのです。

繰り返しますが、人間同士だから、分かり合えない「こと」や「とき」があって当然だと思って間違いないだろうと思います。しかし、その「こと」や「とき」があっても、人間関係を「断ち切ってしまう」と、二度と「分かり合える」関係は戻ってこないでしょう。

分かり合えなくなった関係のときこそ、まずは、挨拶《あいさつ》というごく「普通」を心がけてみるようにしてはいかがでしょうか？　関係を絶ってしまうと、このごく普通のことさえできなくなってしまいます。

私は、「ああ、今日は誰にも会いたくないなあ」と塞《ふさ》いでいるときは、「ちょっと散歩に行ってこよう」と思うようにしています。そして、ぶらりと町をただ歩くようにしています。町の空気を吸い、町の景色《けしき》を眺め、そして見知らぬ人とただすれ違うだけで、何だか、「普通の日常」が戻ってくるように思えるのです。不思議なことです。

人間関係のストレスを感じたとき

①人間としての「普通」を取り戻す

②精神的（心理的）な距離が縮まらなくても、物理的な距離を縮めてみよう

③挨拶は、人間関係では「ごく普通」のこと

④塞いでいるときは、ちょっと散歩に出かけよう
「人間関係づくりの心得」、いや、「人間を嫌いにならないコツ」は、人間としての「普通」を取り戻すこと

第4章

〝励まし〟の力を磨く学び

1

励ましの歌

―「Yukiyanagi　雪柳」から聴こえてきた声―

私の専門は国語科教育学です。端的にいえば、小・中・高の学校の国語科で教える内容の教育法（どのように子供たちに教えれば楽しく、意欲的に学び、そして国語学力を獲得《かくとく》させることができるか）を主に研究している学問です。

国語の教室では、おおむね、国語の教科書を使って授業を行います。そこには、文学教材や説明文教材、そして作文教材や「話すこと・聞くこと」の教材などが掲載《けいさい》されています。

大学でこれらを具体的に学生に教える場合、よく「教材から聴こえてくる声をしっかりと聴きなさい」という比喩《ひゆ》的な表現を使っています。「教材がどのように教えてもらいたいか、必ず聴こえてくるはずですから」と言って憚《はばか》りません。「そのためには、教材を読み込んで、教室の子供の驚《おどろ》きの顔や楽しそうな顔が目に浮かぶ発問（質問）を考えなければいけないのですよ」と促《うなが》します。

学生たちは初めのうちは、怪訝《けげん》な表情を浮かべます。聴こえてくるはずのない「声」を聴けというのですから。しかし、そのうちに、「先生、ちょっとですが、教材から『声』が聴こえてくるようになってきました」という学生が現れてきます。

私の同僚に専門分野が同じ国語科教育学の石丸憲一という教授がいます。石丸教授は、護岸工事などの現場監督をしていた自分の父親も私と同じようなことを言っていたということを教えてくれました。

石丸教授の父親は、無類の酒好きではあったものの、素晴らしい職人だったそうで、「石の声をよく聴け！　石がどのように割ってほしいと望んでいるのかが聴こえてくるはずだから」と言ったというのです。

先日、テレビを観ていると、栃木の大谷石《おおやいし》の石工も、「作品は石との対話で生まれます」と言っていました。

いずれも、「頭を使え！　よく考えろ！」ということを「石の声を聴け！」と比喩的な表現で語っていたのだと思います。

教師の場合は、教室の子供たちの表情を浮かべながら、「しっかり考えよう！」ということになります。

以上の流れからすると、本来ならば小・中学校などで使われる教材を例に挙げ、具体的に述べてみるのが筋かとは思いますが、日本ハムファイターズの小谷野栄一選手が登場曲に使い、若者に人気のある歌手のＭｉｃｒｏさんが歌った「Yukiyanagi 雪柳～We're Watching You～」の歌詞を、了解を得て教材化し、私のゼミ（四年生）に所属している学生とともに考えてみたいと思います。

まず、歌詞を紹介してみます。この歌詞からあなたには、どのような声が聴こえてくるのか、じっくりと味わってみてください。

歌詞は一番、二番と数《かぞ》えるのが良いのでしょうが、ここでは普通《ふつう》の詩のように、歌詞のまとまりごとに便宜《べんぎ》的に一連、二連……六連と付けてみました。

何度か繰り返し読んでいるうちに私が一番感じたことは、「この歌は、『励《はげ》ましの歌』だ」ということでした。

Yukiyanagi 雪柳～We're Watching You～

作詞：Ｍｉｃｒｏ
作曲：Ｍｉｃｒｏ／Ｎａｇａｃｈｏ

（一連）
ガンバらなくてもいいんだよ　／　ありのままの君でいるなら
冬と春つなぐユキヤナギ　／　まわりを照らしていた

（二連）
暗闇に一人　／　ただ、たたずんでいた
先が見えない程に　／　不安がこみあげてた
君も同じように　／　深い傷抱えてた
それを僕が知った時に　／　何かが割れてはじけた

（三連）
たとえ今は険しい　／　道のりに見えたとしても
苦しみの森をぬけてく　／　それが何よりの近道
ガンバらなくてもいいんだよ　／　ありのままの君でいるなら
冬と春つなぐユキヤナギ　／　まわりを照らしていた

（四連）

いつものように　／　また落ち込んでいた
どうすることも出来ないと　／　無力感に打ちひしがれた
生きる意味なんて　／　くだらないって決めつけた
そんな僕をあきらめずに　／　励まし続けてくれた人がいた

（五連）

冬に枯れ散るこの木にも　／　必ずあの季節に花は咲くのさ
悩みこそ君を育てる　／　何よりも大切なもの
ガンバらなくてもいいんだよ

（六連）

冬と春つなぐ雪柳
ガンバらなくてもいいんだよ　／　ありのままの君でいるなら
冬と春つなぐユキヤナギ　／　まわりを照らしていた

（／は改行。筆者注。以下同じ）

「ガンバらなくてもいいんだよ　／　ありのままの君でいるなら」

歌い出しのこのフレーズから、聴いている人の心に「励ましの声」が届いてきます。「Yukiyanagi　雪柳」が「励ましの歌」だとすると、宮本輝さんの小説『水のかたち』(集英社)は、「励ましの文学」かもしれないと、点と点とが「線」となり、つながった気がしました。詳細は、本章5で述べますが、『水のかたち』にも、「自分以上のものに見せようとしない。自分以下のものにも見せようとしない。ありのままの自分の実力を見てもらえばいい」というフレーズがあるのです。

「Yukiyanagi　雪柳」が、「励ましの歌なんだ」と思えると、一連、三連、そして六連で繰り返し使われている

　ガンバらなくてもいいんだよ　／　ありのままの君でいるなら
　冬と春つなぐユキヤナギ　／　まわりを照らしていた

という歌詞がより胸に迫《せま》ってくるのです。

ゼミのある男子学生が、「歌詞全体のイメージとしては『暗い』感じがするのだけど、このリフレーン（繰り返し表現）があることで、なぜか、光が差し込んでくるというか、光が見えるのです」と述べたのは、言い得て妙でした。

さて、このように歌詞の概観《がいかん》をおぼろげながら摑《つか》みかけた後、この教材――歌詞（詩）――から私に聴こえてきた声が、次のような「問い」を生み出したのです。

①　雪柳という花からなぜ励まされるのだろうか？
②　リフレーンにある「ありのままの君でいる」と、どうなるというのだろうか？
③　この歌が人間を励ますための歌だとしたら、この歌詞にはきっと比喩が使われているはずだ。それは何をどのように喩《たと》えているのだろうか？
④　二連の「何かが割れてはじけた」というのはどういう意味なんだろう？
⑤　この歌詞にはどのような「比較（対比・類比）」表現が使われているのだろうか？

①の問いを調べるために、インターネットで「雪柳」を検索してみました。ウィキ

ペディアには、次のように書かれていました。

手を掛けなくても成長し、大きくなると1.5mほどの高さになる。（中略）花は、3月から5月にかけて、5弁で雪白の小さなものを枝全体につける。

ここから私の内言《ないげん》（自問自答）が活発に動き出したのです。「手を掛けなくても成長」する――そうなんだ。だから「ありのままの君でいるなら」なんだ。「雪白の小さなものを枝全体につける」――なるほど、だから「まわりを照らしていた」となるんだ。「花は、3月から5月にかけて」咲く――このことが、「冬に枯れるこの木にも ／ 必ずあの季節に花は咲くのさ」とつながっているんだ。

「Yukiyanagi 雪柳」という歌詞と向かい合い対話を重ねるうちに、歌詞からの声が聴こえ出し、それが「問い」となって私に届けられたのです。こうなれば、私は無《む》性《しょう》に学生と授業がしたくなりました。

私が準備した発問（質問）は六つです。ゼミの学生たちの主な反応を紹介してみます。

（1）この歌詞の中で、一番自分に届いてきた言葉はどれですか。（複数回答）

A「ガンバらなくてもいいんだよ　／　ありのままの君でいるなら」
（Hさん・Fさん・Rさん）

B「悩みこそ君を育てる　／　何よりも大切なもの」
（Hさん・Fさん・Mさん・Uさん・Rさん・Y君）

C「たとえ今は険しい　／　道のりに見えたとしても　／　苦しみの森をぬけてく　／　それが何よりの近道」（Hさん・Mさん・T君・Y君）

D「そんな僕をあきらめずに　／　励まし続けてくれた人がいた」（S君）

E「生きる意味なんて　／　くだらないって決めつけた　／　そんな僕をあきらめずに　／　励まし続けてくれた人がいた」（Uさん）

F「冬と春つなぐ雪柳」（Uさん）

G「冬に枯れ散るこの木にも　／　必ずあの季節に花は咲くのさ」（Wさん）

学生たちの反応はそれぞれですが、皆、「励ましの歌詞」の部分を選択《せんたく》しています。そして、「励ましの文学」と私が名づけた宮本輝さんの小説『水のかたち』に出てくる次の部分とも見事《みごと》に重なるのです。

経済苦、病苦、人間関係における苦労。それが出て来たとき、人も鋼になるチャンスが訪れたんだ。それが出て来ないと永遠に鉄のままなんだ。だから、人は死を意識するような病気も経験しなければならない。商売に失敗して塗炭の苦しみにのたうつときも必要だ。何もかもがうまくいかず、悲嘆に沈む時期も大切だ。

（2）リフレーンにある「ありのままの君でいる」と、どうなるのでしょうか？

三回繰り返される四行の表現の中には、「がんばる⇅ありのまま」、「冬⇅春」、「自分⇅他者」といった対比的な意味が込められています。ここに着目した二人の学生の意見を記しておきます。

A　冬が春へと変わり、春になると雪柳が咲くように、苦しみや不安が希望へと変わる。（Y君）

B　ありのままの自分でいることを自分自身が認められれば、他者のどんな姿も認めることができる。他者のありのままを認められれば、いがみあいも争うこともなくなっていく。（Uさん）

先に述べたように雪柳は、手を掛けなくても成長するといいます。人間も「ありのまま」の姿でいることが大切ですが、それほど簡単なことではないのです。このフレーズからは、「かざらない、卑下《ひげ》しない」でいると、雪柳のように、まわりを照らすことができる存在になる、ということを私たちに伝えてくれているのでしょう。

（3）二連の「何かが割れてはじけた」というのはどういう意味なのでしょうか？

二連の七行には、「君⇅僕」という対比表現と「暗闇と不安と深い傷」といった類比表現が含まれています。七行のうちの初めからの五行と、「それを僕が知った時に／何かが割れてはじけた」という後の二行とは、対比関係にあると考えられます。つまり、「暗闇の中での不安」が「割れてはじけた」のです。それは、どうしてなのかが最大の問題なのです。学生たちは、どのようにとらえたのでしょうか？

A 自分だけが悩んでいたり、苦しんだりしているのではないと気づいた。自分の考えが変化した。（T君）

B 不安なのは自分だけではない、と明るい未来への希望の光が差し込んだ。（Y君）

C 悩んでいるのは自分だけではない、と気づき、前を向いて、人を励ましていける自分になった。（Fさん）

若いがゆえに活力があります。逆に、若いがゆえに自分を責めてしまうこともあります。学生たちは皆、同じような経験をしているのです。だから、この詩を自分のことのようにとらえることができるのです。まさに、「何かが割れてはじける」感じに共感しているのです。

（４）この歌詞の中にあるリフレーンを挙げてください。そのリフレーンから感じることはありますか？

繰り返し表現（リフレーン）は、一連と三連と六連にあるということは、学生たちはすぐに理解できましたが、要は、それをどのようにとらえ、感じたかでしょう。ここでは三人の学生の「思い」を紹介します。

Ａ　確かに、ユキヤナギはありのままの姿で咲いている。だからこのガンバらなくてもいいとは、自分をつくろうな、ということではないか。（Ｓ君）

Ｂ　花は必ず咲くから、焦らなくても良い。自分を励ましながら、今が冬でも必ず春になれば花が咲くのだから。（Ｒさん）

C　リフレーンは、三連と六連にもあるが、それぞれ直前の三連の前半と五連の内容は、「今は苦しくても悩んでも、それは大切なものなんだ」ということを言っているので、「ガンバらなくてもいい」というのは、努力しなくても良いという意味ではないのだと思う。
自分をとりつくろって、「ガンバる」んではなくて、ありのままで、冬から春にかけて咲く雪柳とともに、冬の境遇《きょうぐう》から春の境遇を目指そうということかなと思う。（Uさん）

文章を読む行為《こうい》（作品との対話）というのは、読者が、文章中の「表現」や「文脈」（文章の流れ）を根拠《こんきょ》にして読んでいくものですが、あと一つ、何も書かれていない空白の部分（行間）から伝わってくることがあります。

その「空白を読む」というのは、「自分自身を読んでいる」ということになるのかもしれませんね。

（5）この歌詞の中での「対比」を挙げてください。

「がんばる⇅ありのまま」、「冬⇅春」、「君⇅僕」などという対比表現は既《すで》に述べた通りです。そのほかに、「暗闇⇅雪柳（まわりを照らす）」や「冬に枯れ散るこの木⇅あの季節に花は咲く」も対比的な表現だと学生たちはとらえていました。

――不安なときもあるが、必ず希望は見えてくる。苦しいときもあるが、必ず楽しいときが訪れる。落ち込んだり生きる意味を見出せなかったりするときもあるが、必ず躍動《やくどう》したり生きてるってこんなに素晴らしいと感じたりするときもある。悩みは悩みでは決して終わらない――苦しみや悩みが深ければ深いほど、生きているという喜びを味わうことができるのだ、ということをこれらの対比表現が教えてくれています。

（6）この歌詞には「比喩」は使われていますか？

ここで学生たちが着目したのは、リフレーンの中に使われている「ユキヤナギ」という表現です。いずれもカタカナ表記されているのに、最終六連目の冒頭の「冬と春つなぐ雪柳」だけは、漢字で書かれています。そして、こう言うのです。

「カタカナ表記の『ユキヤナギ』は、擬人化された比喩表現で、漢字表記の『雪柳』は、自然界に咲く雪柳の花なんだと思います」

擬人化されている「ユキヤナギ」だからこそ、ありのままの君でいるなら、まわりを照らすことができるのですよ、と自分自身を励ましてくれているように思えるのですね。

「険しい道のり」も「苦しみの森」も、そして、「冬に枯れるこの木」や「あの季節に花は咲く」も皆、人間への応援歌のための巧《たく》みな比喩表現なんだ、と学生たちはとらえていました。

教材自身は何も語ってはくれません。しかし、教材は生きているのです。石丸憲一教授の父親や栃木の大谷石の石工が、「石の声を聴け！」と語ったことも同じです。教材や石を生かすも殺すも、それを扱《あつか》う者の考える力や想像する力にかかっているのです。どんな仕事であれ、この原理は同じ。私は、そう確信しております。

Ｍｉｃｒｏさんの「Yukiyanagi　雪柳」から聴こえてきた声を一言で表現するならば、それは、「励ましの歌」ということです。メロディとリズムに乗って、聴いたり歌ったりしてみてください。歌詞が心にしみ入り、涙《なみだ》が頬《ほほ》を伝うかもしれませんよ。

冬と春をつなぐ
ユキヤナギの
ようにね
ガンバらなくても
いいんだよ

励ましの歌――「Yukiyanagi　雪柳」――から学んだこと

①「冬と春つなぐユキヤナギ」は、私自身だということ

②人生は、不安と希望、苦と楽、悲しみと喜びなどの繰り返しだから、決してくじけてはならないということ

③歌詞から芸術作品、そして石からでも、耳をすませば必ず聴こえてくる声があるということ――「負けるな負けるな」「くじけるなくじけるな」と

2 タレントのトークに学ぶ

「ロンサム・タブ ── モンタナへの夢」という一風変わったタイトルのアメリカのテレビ映画をご存じですか？　概要《がいよう》は次の通りです。

一言で言うと、開拓者、ガス・マクレー隊長とその親友のウッドロウ・コールの友情物語です。

ガス・マクレー隊長率《ひき》いる開拓者たちは、たび重なる苦難を乗り越えて、アメリカ北部のモンタナの地に初めて牧場を開くことに成功します。しかし、そのモンタナの地で親友のウッドロウ・コールが死んでしまうのです。

ウッドロウ・コールは死の直前に、「私の亡骸《なきがら》は、昔の恋人との思い出の地であるテキサスに是非《ぜひ》葬ってほしい」と頼みます。モンタナからテキサスまでは、ざっと見込んでも北海道から九州までの往復くらいに相当する五千キロ。ガス・マクレー隊長は、馬車に遺体を積んで搬送《はんそう》します。人々はその強い信念《しんねん》に舌を巻き、進むにつれて徐々《じょじょ》に評判《ひょうばん》が高まっていくのです。

「夢を追う男だ」と。

ガス・マクレー隊長は、ついに親友との約束を果たします。そして、丁重《ていちょう》に葬った墓碑《ぼひ》にこう記したのです。

「他者との交流を通して人は成長する」と。

ラストシーンは、次のような新聞記者とのやりとりでした。

記者　「マクレー隊長は、夢を追う男だとか?」

隊長　「そうとも、限りない夢だ!!」

私は、山口大学教育学部附属光小学校の校長職にあった平成十六（二〇〇四）年度の『卒業記念写真文集』に、この映画を通して次のような贈る言葉を綴《つづ》っていました。

人間の生き方は様々である。十人十色である。ガス・マクレー隊長の生き方はまさに「彼らしい」生き方で、人には真似できないかもしれない。しかし、その精神は十分に参考になる。誰もが成しえなかったアメリカ北部での牧場の開拓。親友との約束を果たすため、自らの命をも顧みない行動。そして、これからさらに求めていく「限りない夢」。

人の生き方に学びつつも、私たちもまた、それぞれに「限りない夢」があることを忘れまい。

この翌年の二〇〇五年に創価大学に赴任《ふにん》した私は、親友の墓碑にガス・マクレー隊長が記した「他者との交流を通して人は成長する」という言葉は、アメリカの哲学者であり教育者でもあったデューイの名言だったことを知ります。

日常、何となく観ているテレビではありますが、このように自分に刺激《しげき》を与えてくれる異質な他者が映し出されていることもときにはあるのです。

芸人の中でも笑福亭鶴瓶さんは好きな人の一人です。どうしてかと言われれば、自然体というか、飾らないというか、人間の輪の中にスッと溶け込んでいく人という印象が強いからです。NHKの「鶴瓶の家族に乾杯」は、その代名詞ともいえる番組のように思っています。

「ぶっつけ本番の旅」というのがまた何ともいえない味を出しているように思います。

私の友だちが校長を務めていた山口県周防《すおう》大島の小学校に、この番組のため鶴瓶さんが訪問したことがありました。たまたまそのテレビを観ていた私が、後日、当人に訊《たず》ねてみると、本当に「ぶっつけ本番なんよ」と語っていました。

鶴瓶さんは有名人です。彼と出会う人は、最初「あっ、芸能人の鶴瓶だ」と驚き喜びます。最近、近所に引越してきた人好きなおじさんのような、分け隔《へだ》てない態度に心を許していきます。そこにドラマが生まれ、感動が生まれます。家族が語るお爺ちゃんやお婆ちゃんの逸話《いつわ》や夫婦の苦労話などに涙を誘《さそ》われることもあります。どうしてこんなに誰もが身の上話をするのでしょう。

鶴瓶さんの人柄とともに、何よりも感心するのは、質問の仕方です。偶然《ぐうぜん》出会った人に、「何してんの?」「どこ行くの?」「これは何?」と、答えやすい質問からはじめて、答えと反応をみながら、「家族は？」「お父ちゃんは今どこにいるの？」と聞いていきます。この観察力、相手の答えを引き出し、訊いていく姿勢《しせい》は、ぜひ学びたいと思います。

もちろん「ぶっつけ本番」だから、ハプニングや失敗もあるようです。

東日本大震災の被災地を訪ねたとき、父親を津波で亡くした子供に、「お父さんはどこにいるの？」と訊ねて、その子供を傷つけてしまったということもあったようです。励ますつもりが逆に傷つけてしまう——鶴瓶さんは心の底から謝《あやま》り、後日、番組にその子から元気いっぱいのビデオレターが届けられたということでした。

こういったエピソードに触れると、対話の難しさ、誠意の大切さ、そして、自分の人間性や人格を絶えず磨《みが》いておかなければならないのだと感じます。

俳優の火野正平さんの「にっぽん縦断　こころ旅」（NHK・BS）もぶっつけ本番の旅といっても良いでしょう。視聴者からの手紙に記された「こころの風景」を訪ねる自転車旅です。

家族を「求めて」ということはありません。「チャリオ」と名づけた自転車に乗り、数人のスタッフとともに視聴者からの「こころの風景」を目指して走り続けるのです。国道を走り、農道を走り、峠を越え、ただただ走り続けるのですが、疲れたりコーヒーが飲みたくなったりしたときにだけ、その地域の人たちと交わります。

火野正平さんは、どちらかといえばシャイな人のようです。

琵琶湖周辺の土地を訪ねたときのことです。お腹が空いたのか、食堂に入り、鯖寿《さば》司などを食べ終わったときに、その食堂の経営者からサインをねだられたのですが、差し出されたのは、封筒《ふうとう》の裏だったのです。書き終えた火野さんは、食堂の壁に貼《は》られている他の有名人のサインを見て、こう言ったのです。

「ああ、俺は、封筒の裏やもんなあ。役者は落ちぶれたらあかんなあ」

その食堂の年配の経営者らしき女性が何か反応したようです。すると火野さんは、「冗談や冗談や、ギャグやって」と、その場を取り繕《つくろ》うのに必死《ひっし》のようでした。

このときは、ボソッと本音《ほんね》を言っていますが、番組を観ていると、ほかの芸能人に間違えられることが結構あります。人違いされたときに苦笑いする芸能人もいますが、彼は、「そうです。○○です」と笑いながら受けたりします。

このおおらかさ、優しさが、その場をなごませてくれます。火野正平さんも人間が好きだと感じられます。たとえ、口下手でもシャイでも、人間が好きであれば、話しやすい雰囲気《ふんいき》はつくれると思わせる番組です。

ゲストがサイコロの目に示された話題について語る「ごきげんよう」は、司会の小堺一機さんが臨機応変《りんきおうへん》にゲストの話を引き出しています。旅はありませんが、これもぶっつけ本番の番組です。

小堺さんは、思うように番組進行ができずに悩んでいたとき、あるディレクターに「ドキュメンタリーと思えば良いじゃないか」「お客さんと一緒にやれば良い。『困った』と言えば良い」とアドバイスされたそうです。そういえば、「お昼なのにどうしてお腹が空いたような顔をしているんですか？」などと観客を巻き込むシーンがときどきあります。

あるインタビューでは、資料を読むとそこに気をとられるので、資料はあまりもらわないようにしている。その代わり、ディレクターとゲストの軽い会話をインプットしておいて、「最近ゴルフに行かれたんですか？」などと振ってみたりするようです。

対話には事前準備が必要（1章2参照）といったことと、矛盾《むじゅん》するかもしれませんが、小堺さんの場合は、軽い会話をインプットしておくことも、あまり先入観をもたないように努める事前準備の一つかもしれませんね。

また「リラックスするとその人の本音とかを出してもらえる」という姿勢からも、あまり構えすぎない小堺流の対話術なのだろうと思います。

テレビから学ぶこと

①テレビは、自分に刺激を与えてくれる異質な他者を映し出すこともある

②最初は、答えやすい質問から

③先入観をもたず、構えすぎずに対話に臨もう

3 司馬遼太郎の推敲原稿

私にとって司馬遼太郎は、作家の中でも特別な存在です。

思い出深い作品は、何といっても『竜馬がゆく』です。高校時代に北大路欣也主演の同名のNHKの大河ドラマが刺激となって、全五巻を読みふけったことを昨日のことのように覚えています。ただ、竜馬に完全に同化してしまっていた私は、京都の近江屋で同志の中岡慎太郎とともに殺害される場面は読めませんでした。

その後、秋山好古と真之兄弟、正岡子規を題材に日露戦争前後の近代日本の勃興期を描いた『坂の上の雲』や、まったくといって良いほど無名だった越後長岡藩家老の河井継之助を主人公にした『峠』などにも少なからず刺激を受けたものでした。

司馬遼太郎を身近に感じたのは、作品だけではありません。私と同じ大阪東部の東大阪市に住んでおられたことも要因の一つです。その上、私が小学校の教員となってからは、教員仲間として一人息子の福田尚平さんと親交《しんこう》があったこともあります。

父である司馬遼太郎が一九九六年に亡くなられた折《おり》、福田さんにお悔《く》やみの手紙を送らせていただきました。丁寧《ていねい》なお返事をいただき、そのことがきっかけとなり、お酒を酌《く》み交わしながら「人間・司馬遼太郎」を語り合ったことが懐《なつ》かしく思い出されます。

私が国語教師として司馬遼太郎から最も刺激を受けたのは、ある小学校国語教科書の六年生のために書き下ろされた「二十一世紀に生きる君たちへ」（司馬遼太郎記念館）と題した作品です。

「私は、歴史小説を書いてきた。／もともと歴史が好きなのである。両親を愛するようにして、歴史を愛している」（／は改行。筆者注）という書き出しで始まるこの作品は、まさに、二十一世紀を担《にな》うであろう子供たちへのメッセージ、いや、「遺言」ともいえるものです。そう思える文章が随所《ずいしょ》に散りばめられているのです。例えば、次のようなところです。

私が持っていなくて、君たちだけが持っている大きなものがある。未来というものである。

私の人生は、すでに持ち時間が少ない。例えば、二十一世紀というものを見ることができないにちがいない。

君たちは、ちがう。

二十一世紀をたっぷり見ることができるばかりか、そのかがやかしいにない手でもある。

そして、この作品の最後は、

私は、君たちの心の中の最も美しいものを見つづけながら、以上のことを書いた。

書き終わって、君たちの未来が、真夏の太陽のようにかがやいているように感じた。

と述べ、閉じられるのです。

この「二十一世紀に生きる君たちへ」は、当時の小渕恵三総理大臣が自身の施政方針演説《しせいほうしんえんぜつ》で取り上げていたことも印象的でした。

私が「最も刺激を受けた」としたのは、こういった内容もさることながら、生原稿を拝見したその原稿の「光景」に度肝《どぎも》を抜かれたからでした。「すさまじい！」と思ったのです。

「司馬」と印刷された専用の原稿用紙十枚ほどだったと思います。どのページをめくっても、緑色、黒色、青色、黄色、朱色、赤色の何と六色もの色鉛筆を使い推敲《すいこう》をしているのです。「二十一世紀に生きる君たちへ」という作品を仕上げるまでの過程で、推敲するたびに刻一刻と変容《へんよう》していく姿が、つぶさに分かるのです。

司馬遼太郎の思考の過程がそのまま残っていたのです。

その教科書の編集の方は、「司馬先生は、『長編小説を書くくらいのエネルギーを使いました』とおっしゃっていました」といった意味のことを述べていました。

国語という教科を専門とする私にとっては常日頃から、学習者が発言するまでの思考過程を理解できないのが最大の課題ととらえていました。

いったん書いた文章を消しゴムで消してしまったならばどうでしょうか？　書いた本人でさえも、前に何と書いたのかを思い出そうとしても思い出せないことがあるのです。内言を残すことは至難《しなん》の業《わざ》なんです。ましてや、読み手となると理解のしようがありません。

発言や作文の清書《せいしょ》は、あくまでも「結果」に過ぎません。それまでの過程は、まったく耳にも届かないし、目にも見えないのです。

こうしたことを考えていたときに、あの「二十一世紀に生きる君たちへ」の推敲原稿を見たのです。衝撃《しょうげき》はそれこそ鮮烈《せんれつ》でした。

それ以後、「消しゴムを使わない作文指導」という指導法を提案《ていあん》したり、附属光小学校の教員との共同研究で、1章3でも述べたように、メモの取り方の一つとして、「聞いたことメモ」の横に「考えたことメモ」を書くということを提案したりもしてきました。このメモは、ノートの左半分に「聞いたこと」、右半分に「考えたこと」を書いていくものです。こうすることで、後でノートを見たときに、そのときの考えを振り返ることができます。

考えの軌跡《きせき》が分かるようなメモの取り方は、例えば講演会や研究会、会議に参加したときにとても有効です。こういったオフィシャルなときや場でなくとも、日常の対話、印象に残ったこと、気になったことなどをメモする習慣を身につけるのは、対話をするうえでも、自分の考えを深化させるうえでもプラスになります。

私はかなりのメモ魔です。読んでみたいと思った本のタイトル、新聞で知った面白そうな話題、学生の話から気になったこと、日常的に買うものなども、いつもポケットに入れている小さなノートに記しています。後で見直すと、思い違いをしていることなどが意外と多いものです。

記憶《きおく》は曖昧《あいまい》です。音声言語はすぐ消えてしまいます。ですから対話を記録することをお勧《すす》めしたいのです。後に振り返ってみたとき、財産になっているはずです。

- 相手の話はどんな内容だったか。
- その内容の背景にはどんな気持ちや状況があったか。

● そのことの本質は語られているか。
● 本人が気づいていないところに本質はあるのではないか。
● 自分はどう受け答えをしたか。
● 相手も心に届く言葉を発していたか。
● 自分が伝えたいことを分かってもらえたか。

こうしたことを思い出し、そして書きとどめることで、次への対話につながります。自己内対話もしかりです。今は、スマートフォンなどいろいろなツールがあります。そうしたものを利用するのも良いと思います。

じつは、「つぶやき」を大切にしよう、と訴えだしたのもこの頃からです。「つぶやき」は内言の発露《はつろ》だととらえれば、「声にならない声」ととらえることができます。はっきりとした大きな声で発言できないからこそ「つぶやく」のだといえます。まさに、思考の産物なのです。

そう考えると、私と司馬遼太郎との対話の成果は、若い頃、小さな失敗にくよくよしていた自分に、「坂本竜馬のような大きな人物になれ！」と叱咤《しった》激励《げきれい》してくれたことから始まり、「二十一世紀に生きる君たちへ」で、発言したらその都度《つど》消えていく「言葉」という産物に、国語の難しさに、真正面から向き合うきっかけを与えてくれたことでした。「思考過程を残す」ことは、私の最大の財産となりました。その間、約四十年。

今後も司馬遼太郎との対話を楽しみながら、書を紐《ひも》解こうと思います。

司馬遼太郎との対話

①若い頃、『竜馬がゆく』を通し、「坂本竜馬のような大きな人物になれ！」と叱咤激励してくれた

②「二十一世紀に生きる君たちへ」で、国語の難しさに、
真正面から向き合うきっかけを与えてくれた
③思考過程を文字としてとどめる工夫
④つぶやきを大切にしよう

4 他者の成功をノンフィクションで追体験

人生は山あり谷ありです。おもしろいようにうまくいくときもあれば、何をしてもうまくいかないときもあります。私が人生「谷」状態のときに、むさぼり読んだのがフィクションの小説ではなく、その人の生《なま》の人生が伝わってくるノンフィクションでありエッセイでした。人の人生から学びたいと強く思ったからです。

特に、冒険家が書いたものに惹《ひ》かれました。登山家が悪天候に阻《はば》まれ、凍傷《とうしょう》になった手足の指を失っても、再びその山に挑戦《ちょうせん》する姿、先人の冒険家が通った道を辿《たど》る、現代でもなお困難に満ち溢《あふ》れた旅、海洋でただ一人自然の猛威《もうい》に立ち向かう姿などに、畏敬《いけい》の念を抱いて読み進めました。

その中でも植村直己《なおみ》の本を好んで読んだのは、その壮絶《そうぜつ》な行為が陸、海、極圏と地球を網羅《もうら》するように行われていたからだと思います。

世界の五大陸の最高峰のほとんどを単独で登頂。そればかりではありません。アマゾン川六千キロメートルを単独で筏《いかだ》で下ったり、日本列島三千キロメートルを徒歩で縦断したり、犬ゾリで北極圏やグリーンランドを単独で走破したりと、ありとあらゆる冒険をほとんど単独で行っていたということに魅力《みりょく》を感じました。だから、植村の著作物はその頃の私にとっては、宝物のような存在でした。

『青春を山に賭けて』（文藝春秋）、『冒険』（小学館）、『男にとって冒険とは何か』（潮出版社）などを読みあさるにつけ、私の日常の生活自体の中にも、実は「冒険」があるのだ、植村自身も絶えず自分との葛藤《かっとう》（自分自身との対話）を繰り返しているのだ、ということに気づきました。

井上靖との対談には、植村の葛藤場面が吐露《とろ》されています。（前掲『男にとって冒険とは何か』）

植村 行動する前は、いつでも心の動揺というか、不安があります。いままでも精一杯やってきて、自分の力じゃなくて、幸運が働いて無事に切り抜けてきた。それにもかかわらず、次にもっと高いものを求めているときは、だんだんそれが近づくにつれて、果して無事に切り抜けられるかどうかという不安がありまして、そう思ってしまうと、だんだんくじけちゃうんです。

ですから、そうではなくて、もう一方の自分がいて、もうスタートラインにはとっくに立ってしまっている。引き返せないいんだからやるんだという……。

井上 自己暗示みたいな……。

植村 自己暗示です。もう現実にやらなければならない状況ですね。ですから、やるんだ、やるんだというふうにいって、不安を取り除いているわけです。

井上 植村さんが発表なさったら、もう橋は焼かれたということです（笑）。

植村 そういうことになると、すごく苦しいんです。

新しいことにチャレンジするときには、誰もが、『ハムレット』の「To be or not to

be……」(生きるべきか死ぬべきかそれが問題だ)のように、決意することを迫られます。最終的な決断は、自分自身なのですから。

私自身の六十四年の人生を振り返ってみても少なからずこの葛藤がありました。右に行くべきか左に行くべきかと悩み、ときには安易《あんい》な道を選択したこともあり、ときにはあえて難局に立ち向かったこともありました。ただいえることは、人生というのは植村のいうように、ある物事が「終わった時が出発点で、次はもっと大きな感動を求めて、新しいものに取り組もう」(前掲『男にとって冒険とは何か』)といえるような「冒険心」を持っておくことが必要だということです。

植村は「決断が未知を開く」というエッセーの中で、「冒険」について次のように述べています(同前)。

私は旅という行動によって各地を歩きまわっているが、冒険心は私だけのものではない。人それぞれが生きていくうえで、何か自分の経験していない新しいことをやろうと、自分を賭け、決断し、実行していくことが、その人にとっての冒険心であると思う。研究に自分のすべてを賭ける人、商売で勝負する人など、その人、その人の生きていく上で、自分の進むべき道を選択しなければならない。困難な問題にぶつかり、人生の岐路にたたされたときの決断は、その人にとって大きな冒険ではないかと思う。

こういった意味のことは、作家の五木寛之さんや新田次郎さんとの対談でも、同じ冒険家でありプロスキーヤーの三浦雄一郎さんなどとの対談でも述べています。

植村直己の生き方、そこから生まれる言葉の数々に、人生の崖《がけ》っぷちに立っていた私は励まされ、人生の「谷」を這《は》い上がっていったのでした。

ノンフィクションには、様々なジャンルがあります。私の好んだ自然との格闘をテーマにしたもの、人道・平和のため世界各地で活躍している人の奮戦記、闘病記、アスリートの自分と真摯《しんし》に向き合う姿勢を綴ったもの、あるいは、異文化世界に飛び込んでの交流や失敗を綴ったもの、名経営者といわれる人々の経営姿勢を追うものと、枚《まい》挙《きょ》にいとまがありません。

人との対話は、その人の生き方や考え方の一端《いったん》に触れるチャンスですが、ノンフィクションとの対話は丸ごとその人の経験に触れられるチャンスです。

真実の輝きから、勇気と活力のエッセンス、生き方のヒントを見つけるために、まずは一冊、手に取ってみましょう。

ノンフィクションから勇気を得る

①人生の岐路での決断は冒険。冒険は日常生活の中にも厳然とある

②終わった時が出発点で、次はもっと大きな感動を求めて、新しいものに取り組もう

5

「励ましの文学」に学ぶ

平成二十四年九月のこと。ＮＨＫの関係者から連絡をいただきました。用件は、宮本輝さんが、ＮＨＫの「夕どきネットワーク」という生番組に出演されるので、宮本さんと同人誌仲間だった長崎さんにもお話を伺《うかが》いたい、ということでした。あまりにも突然《とつぜん》な話でしたので、「どなたからのご依頼《いらい》でしょうか？」とお訊きすると、輝さんご本人からだとのこと。それでは、ということで快《こころよ》くお引き受けすることにしました。

それから数日後、収録は私の研究室で行われました。話題は、若かりし頃所属していた『わが仲間』という同人誌時代の輝さんのこと。そして、私たちの小説の師匠であり同人誌の主宰《しゅさい》者であった池上義一さんから厳《きび》しく叩《たた》きこまれた「説明と描写《びょうしゃ》の違い」についてなど約一時間にわたる取材でした。放映されたものを観ると、私の出番は一分弱。輝さんにそのことをメールで伝えると、「テレビというのはそういうもんやで。だけど、ありがとうね」という返信でした。そりゃあそうやなあ、輝さんの「人生ドラマチック」がテーマだもんな、と納得《なっとく》したものです。

輝さんの今回のテレビ出演は、五年にわたり雑誌に連載《れんさい》していた小説の出版を記念してのものでした。しかし、私は読んでいないばかりか、五年間も連載していたことすら知らなかったのです。ましてや、以前から気になっていた「五十歳を過ぎた情熱」をテーマにしている小説だったなんて……。「しまった！」と思いました。

「五十歳を過ぎた情熱」については、平成十一年四月に発刊された『宮本輝　新潮四月臨時増刊』に掲載されていた水上勉さんとの対談で話題の一つになっていました。

宮本　僕は昔ある人に、三十五歳のときだったですけど、「俺は、五十を過ぎた人間の情熱以外信じない」と言われたんです。その時、虚を衝かれまし

たですね。（中略）
だけど、「五十を過ぎた人間の情熱以外信じない」というのはどういうことなんだろうと、僕、ずうーっと考えてきましてね、何となくわかるような気もするんだけどもわからない、わかるような気がするのだけどもわからないうちに四十五を過ぎて、何かわかるものが出てきたんです。だから五十になった時、嬉しかったですね。

この後、水上勉さんの「八十の情熱」や「八十の知恵」の話へ展開していきます。輝さんが、「五十を過ぎた人間の情熱」に、ごく普通の主婦を主人公にして迫ったということを知って、矢も楯《たて》もたまらなくなって、本屋に駈《か》け出したのでした。

私の本の読み方を分類すると、三種類に分けられるのではないかと思っています。一つは、通常の読書で、ただただ「本に没頭《ぼっとう》」する読み方です。二つは、付箋《ふせん》紙を貼りながらの読み方です。何かを嗅《か》ぎ取ろう、盗み取ろうとするときによく使う手です。三つは、研究的に読もうとする、ノートなどにメモを取りながらの読み方です。

輝さんの小説では、『螢川』と『焚火《たきび》の終わり』などで試みたことがあります。

『水のかたち』（集英社刊）は、付箋紙を貼りながらの第二の読み方で読むことにしました。「五十を過ぎた人間の情熱」を、輝さんはどのように描こうとしているのかその痕跡《こんせき》を私なりにとどめておこうと考えたからです。そして、「水のかたち」という奇妙《きみょう》なタイトルからして、きっと宮本輝文学ならではの人間模様が展開されているはずだ、という予感めいたものがはたらいたからです。

ストーリーは、五十歳になったばかりの主人公の能勢志乃子を中心にして、飲み屋を始めるようになった姉の美乃、大学時代からの友人でジャズ・シンガーの沙知代、そして不動産屋に勤《つと》める若い事務員の早苗などが、それぞれ個性的でその女性ならではの良い味を醸《かも》し出していきます。そこに志乃子の夫と三人の子供が絡《から》み、ふとしたことから手に入った掘り出し物の鼠志野《ねずみしの》の茶碗《ちゃわん》と手文庫にまつわる人たちとして、骨董《こっとう》品に目利《き》きが立つ三好の叔父《おじ》さん、その叔父さんに紹介されたコンサルタント会社の社長や京都の美術工芸品の補修業者、そして敗戦後、朝鮮半島の北部から決死の逃避行を企《くわだ》てた人たちの人生模様が描き出されていくのです。

私は、机の上に置いた付箋紙をときどき本に貼り付けながら上巻を読み進めていきました。百ページを越えた頃、

「負けるな、負けるな、あきらめるな。心は巧みなる画師《えし》の如し、だ」

と呪文《じゅもん》を唱えるかのように胸の中で次男に呼びかけ続けている志乃子に出会うのです。子を思う母の姿です。次男は、美容師の卵で、カリスマ美容師と言われている師匠から叱られたというのです。この「心は巧みなる画師の如し」というのは三好の叔父さんから中学一年生のときに教えてもらったもので、それ以来、志乃子の座右《ざゆう》の銘《めい》になっているというのです。

そこで私は初めて、付箋紙に「志乃子の座右の銘」と書き込んだのです。

志乃子はその後、打ちひしがれている次男にこう言って声をかけるのです。

心は画師の如し、じゃないのよ。巧みなる、っていう言葉が付くのよ。つまり、心に描いたとおりになっていくってことなのよ。心には、そんな凄い力がある……。だから、不幸なことを思い描いちゃいけない。悲しいことを思い描いちゃ

いけない。不吉なことを思い描いちゃいけない。楽しいこと、嬉しいこと、幸福なことを、つねに心に思い描いてると、いつかそれが現実になる。

ここで私は、新たな付箋紙に「励まし」と書いて、そのページに貼りました。志乃子はその後、弟子を思う師匠の思いについて、次男に語りかけるのでした。師匠と弟子との関係は、この後にも「鉄と鋼《はがね》の違い」を語る場面にも出てきます。それは、志乃子の大学時代からの友人でジャズ・シンガーの沙知代がひいきにしているブティックの女性オーナーがニューヨークでの修業時代に、沙知代の亡くなった夫から励まされた話の中にあり、今度は志乃子に語る場面に登場するのです。

経済苦、病苦、人間関係における苦労。それが出て来たとき、人も鋼になるチャンスが訪れたんだ。それが出て来ないと永遠に鉄のままなんだ。だから、人は死を意識するような病気も経験しなければならない。商売に失敗して塗炭の苦しみにのたうつときも必要だ。何もかもがうまくいかず、悲嘆に沈む時期も大切だ。

だから人間には、厳しく叱ってくれる師匠が必要なのだ。師匠は厳しく叱ることで、弟子のなかの不純物を叩き出してくれる。

ここまで読んできて、私にはこの小説は、「励ましの文学では？」という思いが頭を掠《かす》めていました。親が子を励まし、知人が悲嘆《ひたん》にくれている友人を励まし、そして、師匠が弟子を思い、励ます。そうした素晴らしい人間世界があるからこそ「人は人となれる」のではないか……と。おぼろげながら、そんな思いを抱いたのは、上巻の中ほどまで読み進んだ頃のことです。

タイトルになっている「水のかたち」にまつわる話は、不動産屋に勤める若い女性事務員の早苗が、田舎の滝の水滴《すいてき》に穿《うが》たれてでき上がったという「リンゴ牛」（リンゴを背負った牛に見える）に似た石を志乃子にプレゼントすることから、志乃子の内言を借りて徐々に動き始めます。そこに、「石に一滴一滴と喰い込む水の遅い静かな力を持たねばなりません」というロダンの言葉が添《そ》えられることにより、この小説のテーマと絶妙《ぜつみょう》に絡んでいくのです。「リンゴ牛」と向き合うたびに、志乃子は反射的にこのロダンの言葉が浮かび、こう自問自答するのです。

そのたびに、志乃子は、自分という女が生まれて生きたというかたちは、どのようにして残っていくのであろうと考えてしまう。

するとこのような考えに浸ることは、三十代や四十代にはなかったと気づき、自分がまぎれもなく五十代に入ったのだと思い知るのだ。

この志乃子の言葉そのものは、まさしく宮本輝自身の言葉なんだ。求めていたものの一つをやっと見つけたという感動にも似た思いのまま付箋紙に「五十を過ぎた情熱」とメモっていました。

輝さんは、水上勉さんに次のように語っていました。

「五十を過ぎた人間の情熱以外信じない」というのはどういうことなんだろうと、僕、ずうーっと考えてきましてね。何となくわかるような気もするんだけどもわからない、わかるような気がするのだけどもわからないうちに四十五を過ぎて、何かわかるものが出てきたんです。だから五十になった時、嬉しかったですね。

志乃子はこの後早苗の田舎に赴《おもむ》くことになり、早苗のお婆さんから「リンゴ牛」にまつわる秘話を聞かされたことにより、一個の丸い石が百二十五年かかって、幾条《いくすじ》もの滝の水のしたたりによって「リンゴ牛」へと彫刻《ちょうこく》されたのだと確信に至《いた》るのでした。そういう思いに至ったとき、志乃子の内言がさらに活発に動き出すのです。上巻は、志乃子の次のような心理描写（内言）を経て、下巻へと引き継《つ》がれます。

志乃子は、もし自分が八十歳まで生きるとしたら、これからの三十年間でどんなものが彫れるだろうと考えた。

いや、あるいは人間は生まれた瞬間から、その人だけしか彫れない何かを彫りつづけているのかもしれない。

いったいそれは何だろう。

特別な能力に恵まれているとか、財力があるとかなら、その何かを形としてあらわすことができるかもしれないが、ごく平凡な庶民の女にもまた、生まれてからずっと飽くことなく彫りつづけているものがあるとすれば、それを生涯のうちで実感したり、現実に目にする機会は得られるのだろうか。

下巻に入っても「励ましの文学」は続きます。

中学を卒業してある相撲《すもう》部屋に入門した新弟子が、かつて名横綱《よこづな》で雲の上の存在だった親方から、たった一言、「あんちゃん、辛抱《しんぼう》すんだよ」という言葉をよすがに、大横綱になったという話を、以前志乃子は三人の子供たちに話したことがあるということ。商売をやろうかどうか思い悩んでいる志乃子に対して、三好の叔父さんから、「能勢志乃子の人生は一回きりだ」と一喝《いっかつ》されます。そして、人間の生き方を桜は桜、梅は梅という「桜梅桃李《おうばいとうり》」の話や「一丈のほりをこへぬもの十丈二十丈のほりをこうべきか」という譬え話など、どれもこれも読者である私にも、その励ましの一言一言が確実に届いてきます。

そして話は、いよいよクライマックスへ。内言の豊潤《ほうじゅん》さが志乃子の確固たる決意を導き出す場面が訪れるのです。その内言を導き出したのは、三好の叔父さんから「水の流れ」ではなく、「水のかたち」と言われたことが引き金となっています。タイトルとなっている「水のかたち」の姿がいよいよ読者に明かされるときがやってきたのです。そして、「五十を過ぎた人間の情熱」の姿が明らかにされるのです。


私は水の流れに乗って、それに身をまかせて今日まで来たと思っていたが、そうではないのだ。流れとともにかたちを変えつづける水に沿って生きてきて、今日の自分というものを得たのだ。だから、これからもきっとそうに違いない。どんな尖った細い難所でも、水はそのかたちとなってくぐり抜けていく。私も水のかたちと同化して、微笑みながら難所をくぐり抜ける。

自然にそうなるのではない。私にはそういう力があるのだ。

なぜこんな何の取り得もない平凡な自分にそんな力があるのかわからない。

ひょっとしたら、人間にはみんなそういう力があるのかもしれない。

この後志乃子は、三人の子供たちに、「お母さん、頑張るから」と言い切ります。そして、あと一人の「五十女の情熱」へと展開されていくのです。志乃子の友人のジャズ・シンガーである沙知代がニューヨークの音楽院時代に最も厳しかった恩師との電話のやりとりが語られる場面です。沙知代がその恩師に、ジャズ・シンガーとして舞台に立つことを諦《あきら》めるつもりだ、と告げたときのことです。そのとき、恩師はこう話したというのです。

サチヨには小さな火がある。目に見えるか見えないかの火だ。私は以前、ある人が書いた本を読んだ。どんなに小さくても、火種があるかぎりは、息を吹きかけることをあきらめてはならない。あきらめずにそっと息を吹きかけつづけているうちに、ぼっと炎があがるときが来る。強く吹いたら、かぼそい火種は消えてしまう。あきらめずに、そっと吹きつづけることが大切だ……。サチヨはそれをやりつづけてきたじゃないか。サチヨは、私が推薦した初めての日本人だ。私に恥をかかせるのか？

そして、沙知代が気づくのです。それ以後、唯一の信条としていたことを、大学時代からの友人の志乃子がすでに若い頃から身につけていたことを。その信条とは、

自分以上のものに見せようとはしない。自分以下のものにも見せようとはしない。ありのままの自分の実力を見てもらえばいい。しかし、いつかいまの自分以上の力量を身につけてみせる。

ということでした。
そして、人間としての戒《いまし》めも忘れていません。

人間はすぐにうぬぼれる。絶えず嫉妬する。他人の幸福や成功をねたんだり、そねんだりする。自分を周りからいい人だと思われようとする。

読み終えて私は、知らぬうちに貼り付けていた付箋紙の多さに驚いてしまいました。

そして、ところどころに書いた付箋紙の文字には、「励まし」という言葉が一番多いことに気づきました。

昔から「明るい文学」は成立するか、という論議があったことは承知《しょうち》しています。しかし、「励ましの文学」というものがあったかどうかは記憶にありません。そういう意味では、『水のかたち』という小説を通して輝さんは、果敢《かかん》に挑戦したことになります。まさに、新境地を開いたのだと思います。

輝さんは「あとがき」に次のように記しています。

善き人たちのつながりというテーマに必要欠くべからざる無名の一庶民の勇気と知恵と決断力と行動力を、この小説のなかに織り込むことで後世へ伝えておかなければならないと思ったのです。

小説を読む行為とはどういうことなのでしょうか？　昔話であれ民話であれファンタジーであれＳＦ小説であれ、『水のかたち』のようなリアリズム文学であれ、読者にとっては、自分では経験できないことであっても、その作品世界に描き出されている真実やリアリティーに感動したり涙したりするのではないでしょうか。自分では経験できなくても作品の中に登場する人物に同化して、読者は、追体験や仮想体験をしているのでしょう。

私は今回、『水のかたち』という作品と対話するために、付箋紙を片手に読み始めました。「五十歳を過ぎた情熱」を感じた頃からは、主人公である能勢志乃子との対話が始まり、そして、この作品を産み出した作家の宮本輝さんとの対話が始まっていたのです。そこで学んだことの最大の収穫《しゅうかく》は、人間の成長にとって必要不可欠なことは、他者からの「励ましの言葉」であり、その言葉を自分の精神の中に落とし込んだとき、成長の芽《め》が急速《きゅうそく》に伸びるということでした。

こういう感動を読者に与える文学のことを一言で表現するとすれば、「励ましの文学」と命名する以外にないと思ったのです。

励ましの文学『水のかたち』から学んだこと

①人は、他者からの「励まし」なしでは生きてはいけない

②「励まし」は外言であるが、その外言が、自身の「内言」を活発にする

③「善き人」とは、他者の痛みや悩みを自分事のように感じ、行動を起こす人

④人間には皆、「水のかたち」となる「力」を持っている

あとがき

六十四年間の人生を振り返ってみますと、実に多くの人たちとめぐり合ってきたなあ、という実感があります。

若い頃は、どうもツンツンしている雰囲気《ふんいき》があったようで、私より年長の方から、「近寄りがたい」と指摘《してき》を受けたこともあります。しかし、年を重ねるごとに、「どうして、いつもそんなにニコニコしているのですか？」と、表情の柔《やわ》らかさをくみ取っていただけることが多くなりました。そう思っていただけるようになったのは、きっと多くの方々と交わり、対話し、励《はげ》まし励まされて、人間性が少しなりとも磨《みが》かれてきたのだろうと、心から感謝しています。

しかし、人と人とのめぐり合いには限界《げんかい》があります。言葉を直接交わすことのできる人は一握りです。自分の置かれた環境を見渡してみてください。学校や勤《つと》め先、そして地域の人たちと、対話ばかりか言葉を交わした方々がどれほどいらっしゃるでしょうか。

一方、直接出会わなくても自分を磨いてくれるものがあります。それは「本」です。読書です。この「読書」という行為《こうい》には限界がありません。自分が求めさえすれば、いつでも読書はできます。良書とめぐり合ったときの感動は、計り知れないものがあります。人生を変える一書を持った人は幸せです。絶えず自分のそばに置いて、何か事があればすぐにひもとく書のことを昔から「座右《ざゆう》の書」として尊《とうと》んできました。

人とのめぐり合いも、本とのめぐり合いも大切なことは、「求める」ということなのではないでしょうか。同じ環境にいても求める人と求めない人とでは、年月が長くなればなるほど、その差は広がるばかりです。求めれば「変わる」、動けば「変わる」ということなのでしょう。

本書のタイトルを「人生を変える対話の力」としたのは、そうした思いを込めたからです。人の話にしっかり耳を傾《かたむ》け、良書に親《した》しむ——その行為こそ素晴らしい対話行動であり、「励まし上手」の原点だと私は信じています。

本書の執筆《しっぴつ》にあたり、第三文明社の皆さまならびに真壁恵美子さんに心から感謝申し上げます。そして、本書の章トビラなどに素晴らしいイラストを描いてくださったのは、創価大学教職大学院生の古澤由紀さんです。ありがとうございました。

本書を手にとってくださる読者の方々には、温かくも厳しい「励まし」のお言葉を頂戴《ちょうだい》できれば幸せです。

二〇一四年五月三日

長崎伸仁

著者略歴

長崎伸仁（ながさき・のぶひと）

1949年、和歌山県生まれ。兵庫教育大学大学院修士課程修了。大阪府公立小学校教諭、大阪府教育委員会指導主事、山口大学教育学部教授、同附属光小学校長、創価大学教育学部教授などを経て、創価大学大学院教職研究科教授、研究科長。専門は、国語科教育学。

創価大学夏季大学講座で「対話」をテーマに講座を担当。

単著・編著に『表現力を鍛える対話の授業』（明治図書）、『読解と表現をつなぐ文学・説明文の授業』（学事出版）など。

人生《じんせい》を変《か》える対話《たいわ》の力《ちから》 ～今日《きょう》からあなたも励《はげ》まし上手《じょうず》

2014年 6 月 6 日　初版第1刷発行

著　者　長崎伸仁《ながさきのぶひと》

発行者　大島光明

発行所　株式会社　第三文明社

東京都新宿区新宿1-23-5　〒160-0022

電話番号　編集代表　03-5269-7154

営業代表　03-5269-7145

振替口座　00150-3-117823

URL http://www.daisanbunmei.co.jp

印刷所　明和印刷株式会社

製本所　株式会社 星共社

ISBN978-4-476-03329-8